Tobias Rebisch
Zwei Papas und ein Baby

TOBIAS REBISCH

ZWEI PAPAS UND EIN BABY

Unser Leben als (fast) ganz normale Familie

HEYNE ‹

Die in diesem Buch geschilderten Fälle entsprechen den Tatsachen,
soweit sie dem Autor bekannt sind. Die genannten Personen, Orte, Umstände
und Zeiten wurden zum Schutz der Persönlichkeitsrechte anonymisiert.
Die Sicht auf die Ereignisse spiegeln die Eindrücke des Autors wider
und erheben keinen Anspruch auf objektive Wahrheit.

Die Verlagsgruppe Random House weist ausdrücklich darauf hin,
dass im Text enthaltene externe Links vom Verlag nur bis zum Zeitpunkt
der Buchveröffentlichung eingesehen werden konnten.
Auf spätere Veränderungen hat der Verlag keinerlei Einfluss.
Eine Haftung des Verlags für externe Links ist stets ausgeschlossen.

MIX
Papier aus verantwor-
tungsvollen Quellen
FSC® C083411

Verlagsgruppe Random House FSC® N001967

Originalausgabe 04/2016

Copyright © 2016 by Wilhelm Heyne Verlag, München,
in der Verlagsgruppe Random House GmbH,
Neumarkter Straße 28, 81673 München
Redaktion: Friedel Wahren
Umschlaggestaltung: Eisele Grafik-Design, München
Umschlagfoto: Susanne Krauss, Grafing
Satz: Leingärtner, Nabburg
Druck und Bindung: CPI books GmbH, Leck
Printed in Germany
ISBN: 978-3-453-20096-8

www.heyne.de

Für unseren Sohn

Inhalt

Vorwort

»Die Sonne scheint«, sagte ich. »Auf, Luis! Wir holen den Papa ab.«

Leicht verschlafen rieb er sich mit seiner kleinen Faust die Augen. Dann strahlte er. »Papa!«

Es war einer dieser Tage, an denen die Sonne nach Wochen des Regens endlich durch die Wolken drängt. Alle wollten nach draußen, ans Licht und in die Sommerluft, und mir ging es nicht anders.

Rasch wechselte ich die Windel, zog Luis an und schnappte mir die Windeltasche, Marke umfunktioniertes Laptop-Bag. Vorsichtshalber nahm ich den Buggy mit. Auch wenn Luis seit seinem ersten Geburtstag laufen konnte, überkam ihn manchmal eine gewisse Bequemlichkeit. Doch zum Tragen war er mir mit seinen eineinhalb Jahren auf Dauer schon zu schwer.

»Entlein füttern«, sagte er und sah mich auffordernd an.

»Ja, wir gehen die Enten füttern, das hab ich dir ja versprochen.«

Ich packte die Tüte mit dem harten Brot in die Buggytasche, und los ging's.

An der Uferpromenade spazierten Einheimische und Ausflügler gleichermaßen entlang. Ich atmete tief durch.

»Schau mal, wie schön!«, sagte ich zu Luis.

In der Tat war das Panorama überwältigend. Mein Blick

schweifte über den glitzernden See, die grünen Hügel und weiter hinauf zu den Bergen. Die Sicht war so klar, dass auf den hohen Gipfeln noch Schnee zu erkennen war.

Marc, mein Mann, musste dieses Wochenende an einem auswärtigen Finanzseminar teilnehmen. Also hatten wir spontan beschlossen, die Fahrt auf uns zu nehmen und die wenige freie Zeit hier gemeinsam zu verbringen.

Luis war meinem Blick gefolgt, aber anstelle des Bergpanoramas hatte er etwas viel Wichtigeres entdeckt: die Enten. Jetzt war er kaum mehr zu halten. Ich nahm ihn an die Hand, es konnte nicht schnell genug gehen. Im Stillen bereute ich, den Buggy mitgenommen zu haben. Das ewig gleiche Elternthema.

Am Ufer drängte sich eine ganze Schar Enten. Ein Schwan schwebte über das Wasser, den Hals gereckt. Ich gab Luis das Brot und half ihm dabei, kleine Brocken abzubrechen. Er nahm sich einen und überlegte kurz, ob er ihn sich nicht lieber selbst in den Mund stecken sollte. Dann entschied er sich, holte aus und warf das Brotstück Richtung Wasser.

Wenig später war er von quakenden Enten umringt, und ich hörte sein helles Kinderlachen. In diesem Moment wünschte ich mir, er könne sein ganzes Leben so unbeschwert lachen und damit seine ganze Umgebung anstecken wie auch jetzt. Ich fühlte die wohlwollenden Blicke, die uns streiften. »Wie nett, ein Vater, der sich Zeit für seinen Sohn nimmt.«

Als das Brot verfüttert war, schmiegte Luis sich an mich. Dann plötzlich richtete er sich auf.

»Papa!«, rief er, machte sich los und stürmte mit seinen strammen Beinchen auf Marc zu, der uns auf der Promenade entgegenkam.

Luis landete in seinen ausgebreiteten Armen, wurde durch die Luft gewirbelt und quietschte vor Vergnügen.

Ich blieb stehen und ließ den beiden ihren Raum, wusste ich doch, dass sie einander vermisst hatten. Unwillkürlich musste ich daran denken, wie gern ich selbst manchmal auf Marc zugelaufen wäre, am Flughafen, nach Tagen der Trennung, und ihn umarmt hätte. Aber ich hatte es nie gewagt. Hatte es uns, aber auch unserem Umfeld nicht zumuten wollen. Zwei Männer, die sich lieben und in aller Öffentlichkeit in die Arme fallen … ging das? War das denkbar?

Luis scherte sich nicht darum, warum auch? Mit der Selbstverständlichkeit eines Kindes folgte er einfach seinem Herzen. Marc war sein Papa, der gemeinsam mit mir die Verantwortung für ihn trug, ihn unendlich liebte, sich ein Leben ohne ihn nicht mehr vorstellen konnte.

Eineinhalb Jahre waren vergangen, seit wir Luis adoptiert hatten. Er war das größte Geschenk unseres Lebens. Wir hatten einen langen Weg zurücklegen müssen, bis es so weit gewesen war.

Ich sah, wie Luis sich in Marcs Armen zu mir umdrehte.

»Papi!«, rief er und lächelte mich an. Ich machte mich mit dem Buggy auf den kurzen Weg zu ihnen, zwirbelte Luis' Haar und schloss beide in die Arme. Die Blicke der Spaziergänger, die Zeugen dieser Szene geworden waren, ließ ich zurück, dort bei den Enten und Schwänen.

»Komm, wir gehen ein Stück«, schlug Marc vor. »Dort drüben kann man gut mit den Füßen ins Wasser.«

Luis wollte selbst laufen. Wir nahmen ihn links und rechts an die Hand und liefen unserem Samstagnachmittag entgegen. Eine (fast) normale Familie eben.

෨෧ ෨෧ ෨෧

Als ich mich entschied, dieses Buch zu schreiben, geschah es zum einen aus dem Bedürfnis heraus, Paaren, die adoptieren möchten, Mut zu machen. Diese Liebe, die man seinem Kind gegenüber empfindet, ist völlig unabhängig davon, ob es blutsverwandt ist oder nicht. Denn sie ist bedingungslos.

Zum anderen ist unsere Situation auch im Jahr 2016 immer noch eine besondere: Luis hat zwei Väter. Er ist Teil einer sogenannten Regenbogenfamilie, von denen es in Deutschland rund fünftausend gibt: zwei Frauen oder zwei Männer, die gemeinsam ein Kind oder mehrere Kinder großziehen.

Als Marc und ich über eine Adoption nachdachten, geschah dies aus dem tiefen Wunsch heraus, einem Kind Liebe zu schenken, es zu beschützen, zu fördern und zu einem glücklichen, stabilen Menschen heranwachsen zu sehen. Wie heterosexuelle Paare sehnten wir uns danach, eine Familie zu gründen, und hinterfragten uns gleichzeitig immer wieder, ob wir der Verantwortung gerecht werden könnten. Wie würde es sich auf unser Kind auswirken, dass es keine Mutter hätte? Wären wir in der Lage, ihm alles zu geben, was es für seine Entwicklung braucht? Würde es im Kindergarten und in der Schule unseretwegen gehänselt werden? Welches Rollenbild würden wir ihm vorleben, und wie würde das sein späteres Leben prägen?

Studien in den USA und Australien haben sich mit homosexuellen Elternpaaren und ihren Kindern beschäftigt und sind zu dem Schluss gekommen, dass es »keinerlei wissenschaftliche Belege«[1] für negative Auswirkungen auf das Kindeswohl gibt. Hinsichtlich des Gesundheitszustands, der emotionalen Stabilität, des Selbstbewusstseins sowie des familiären Zusammenhalts schnitten Kinder aus Familien zweier gleichgeschlechtlicher Partner zum Teil sogar besser ab.[2] Auch in Deutschland zeigte sich im Rahmen einer wis-

senschaftlichen Untersuchung, die vom Bundesjustizminis-
terium in Auftrag gegeben wurde, dass Kinder aus Regenbogenfamilien selbstbewusst, autonom und psychisch stabil
sind.[3]

Diese Ergebnisse wie auch die positiven Erfahrungen anderer gleichgeschlechtlicher Elternpaare haben uns in unserem Entschluss zur Adoption unterstützt. Nur finanzielle
Zuwendung in Form einer Patenschaft zu geben, das war uns
nicht genug. Das Bedürfnis, eine Familie zu haben, sie zu lieben und Tag für Tag die volle Verantwortung für sie zu tragen,
ist meinem Gefühl nach zutiefst menschlich.

Homosexuellen, die hierzulande ein Kind adoptieren wollen, werden einige Steine in den Weg gelegt. Marc und ich
durchlitten zeitweise immense Tiefen, doch es gelang uns, ein
Hindernis nach dem anderen zu überwinden. Das Glück und
auch das Jugendamt waren auf unserer Seite. Seit nunmehr
drei Jahren ist Luis der Mittelpunkt unseres Lebens. Nichts
unterscheidet uns von anderen glücklichen Familien – nichts
außer der Tatsache, dass Luis einen Papi und einen Papa hat.

In den Diskussionen um das Kindeswohl, die angesichts
der Debatte um die Homo-Ehe immer wieder aufflammen,
wird oft außer Acht gelassen, dass es uns, den Eltern, selbst
in allererster Linie darum geht, dass unsere Kinder glücklich
sind, Vertrauen entwickeln und zu selbstbewussten Menschen heranwachsen.

»Kindeswohl« ist ein unbestimmter Rechtsbegriff, die ge-
naue Interpretation ist subjektiv. Das Wohlergehen von Kindern liegt uns Menschen aufgrund ihrer Schutzbedürftigkeit
ganz besonders am Herzen, der Staat wacht darüber. Und das
ist gut so. Doch während ich diese Zeilen schreibe, gibt es etwa
drei Millionen Waisenkinder allein in Südafrika, die kaum eine
Aussicht auf ein Leben haben, das ihnen die Geborgenheit

und die Chancen eines stabilen Elternhauses schenkt. Sollten die Regierungen da nicht froh sein über jeden, der ein fremdes Kind aufnehmen möchte?

Aber wir sind nicht »jeder«. Die Geschichte von Marc und mir ist eine moderne Liebesgeschichte zweier Menschen, die ihr Leben teilen und sich nichts sehnlicher gewünscht haben als eine Familie. Als Homosexuelle können wir keine eigenen leiblichen Kinder haben. Doch wir können einem Kind eine Umgebung schaffen, in der es geliebt, wahrgenommen, geachtet und in seiner Entwicklung unterstützt wird. Diesen Anspruch teilen wir mit allen verantwortungsvollen Paaren, die sich ein Kind wünschen. Wir sind nicht anders als sie – nur vielleicht in der Hinsicht, dass wir noch ein wenig dankbarer für unseren Sohn sind. Jeden Morgen bedeutet es für uns ein kleines Wunder, wenn Luis uns mit seinem Lachen begrüßt und sich auf einen weiteren Tag seines Lebens freut. Einen Tag, an dem es so viel Neues zu entdecken und mit uns zu teilen gilt.

Insofern richtet sich dieses Buch an alle weltoffenen Menschen, die an unterschiedlichen Lebensformen interessiert sind und einen Blick über den Zaun des Gewohnten werfen möchten. Was anders ist, macht erst einmal Angst. Das ist ein natürlicher Prozess, der uns Menschen durch die Evolution begleitet hat. Wir alle haben unsere Schubladen, die uns dabei helfen, die vielen Eindrücke in einer sich ständig wandelnden Welt zu sortieren. Doch es tut keinem gut, die Schubladen und damit uns selbst verschlossen zu halten. Wir sind keine Kategorien – Heteros, Schwule, Lesben –, sondern vor allem eines: Menschen. Und als Menschen verbindet uns mehr, als uns trennt – eine Tatsache, die für jede Minderheit gilt, ob ethnisch, religiös oder sexuell.

Was gegen die Angst vor dem anderen hilft, ist Wissen. Und

so öffne ich im Folgenden die Tür zu unserem Leben und lade meine Leser ein, sich selbst ein Bild zu machen: über Marc und mich als schwules Paar und als Väter. Über unseren Umgang mit Luis, unsere Wünsche für ihn und für die Welt, in der er aufwächst. Über zwei Menschen, die einem Kind die Möglichkeit geben, behütet und in Liebe aufzuwachsen. Einem Kind, das von seiner Mutter zur Adoption freigegeben wurde. Das unser Wunschkind ist und unser größtes Glück.

Von Freundschaft und Liebe

Ich war sechsundzwanzig, als mein Leben wie ein Kartenhaus in sich zusammenfiel.

Vier Jahre zuvor hatte ich eine Frau kennengelernt und war überzeugt gewesen, mit ihr mein weiteres Leben zu teilen. Ich selbst war behütet in einem kleinen Bergdorf in Österreich aufgewachsen. Der von Traditionen geprägte Lebensweg, den meine Eltern eingeschlagen hatten, hatte sich richtig für mich angefühlt. Genau wie sie wollte ich heiraten, ein wenig Karriere machen, ein Haus bauen, Kinder großziehen ... Stattdessen hatte ich mit ansehen müssen, wie meine Beziehung zerbrochen war. Trotz aller Versuche, sie zu retten, hatte ich unbewusst meinen Teil dazu beigetragen, dass sie immer weniger funktionierte.

An den Tag unserer Trennung erinnere ich mich noch so intensiv, als wäre es gestern gewesen. Ich fuhr nach Hause, zu meinen Eltern, doch ich konnte mit niemandem reden, selbst mit ihnen nicht. Ich rannte in mein altes Zimmer hinauf und legte mich auf den Boden, den Blick zur Decke gerichtet. Dann kamen die Tränen. Irgendwann legte meine Schwester sich neben mich. Sie weinte mit mir.

Ich wusste nicht, was ich falsch gemacht hatte. Erst viel später begriff ich, dass ich all die Jahre dem Traum von der perfekten Partnerschaft nachgejagt war, ohne ihn mit der

Wirklichkeit abzugleichen. Ich hatte mir eingebildet, die Frau an meiner Seite sei die Richtige. Hatte versucht, sie in ein enges Korsett aus Vorstellungen zu zwängen, und damit ihr wie auch mir wehgetan. Wir Menschen neigen dazu, unsere Träume der Realität überzustülpen. Wir hängen Wunschbildern nach und nehmen oft gar nicht wahr, was wirklich ringsum geschieht. Wir fürchten uns vor der Leere im Innern und füllen sie mit festen Vorstellungen und übernommenen Werten. Oft schauen wir uns unser Gegenüber und dessen Bedürfnisse gar nicht an, sondern erwarten, dass er oder sie so handelt, wie wir es uns erhofft haben. Und wenn die Realität mit allen unerfüllten Sehnsüchten uns einholt, beginnen wir zu manipulieren und den anderen in das Bild zu pressen, das wir uns vom Leben machen. Das kann nicht gelingen.

Aber all das war mir noch längst nicht bewusst, als ich im wahrsten Sinne des Wortes am Boden zerstört war. Später, beim Abendessen, sagte mein Vater niedergeschlagen: »Diesen Moment, als ihr beide weinend am Boden gelegen habt, den möchte ich nie wieder erleben.«

In den folgenden Wochen tat ich das, was »wir Männer« gern tun, wenn die Gefühle uns beuteln: Ich konzentrierte mich auf meinen Beruf. Im Hotelgewerbe hatte ich eine Aufgabe im Bereich Sales & Marketing gefunden, die mir voll und ganz entsprach. Ich fühlte mich wohl im Dienstleistungssektor, liebte die Herausforderung, anderen Menschen ihre Wünsche von den Augen abzulesen und ein besonderes Ambiente zu schaffen, in dem sie den Alltag vergessen konnten. Während ich mich in die Arbeit stürzte, begriff ich nach und nach, dass ich mir über Jahre hinweg etwas vorgemacht hatte. Es waren nicht nur die gesellschaftlichen Prägungen und Zwänge gewesen, die meine Beziehung sabotiert hatten, dieser Druck, ziemlich bald zu heiraten, das Haus zu bauen, die Kinder zu bekommen. Ich hatte meine Partnerin geliebt, ja, doch irgendetwas hatte gefehlt. Etwas, das ich nicht benennen konnte, noch nicht. Wir hatten alle erdenklichen Anstrengungen unternommen, unserer Beziehung einen Kick zu verleihen, hatten die Wochenenden vollgepackt mit Unternehmungen und diese ein ums andere Mal noch zu toppen versucht. So blieb uns kaum Zeit, die innere Leere zu spüren. Aber das war der falsche Weg gewesen.

Jetzt galt es herauszufinden, was ich wirklich im Leben wollte. Ich spürte, dass das Alleinsein mich auf mich selbst zurückwarf, und das war gut so, wenn auch nicht immer bequem.

Große Unterstützung erfuhr ich durch Marc. Ich hatte ihn im Herbst während der letzten Monate meiner Beziehung auf dem Golfplatz kennengelernt, und wir waren ziemlich bald enge Freunde geworden. Auch er hatte sich zuvor von einer Frau getrennt, und wir beide hatten ziemlich viel Gesprächsstoff.

Marc und ich waren typische Männerfreunde. Neben dem Job bot uns der Sport Ablenkung und die Chance, unsere Situation mit einer gewissen emotionalen Distanz zu betrachten. Den wahren Freund erkennt man in der Not, heißt es. Und genauso war es auch. Wenn einem von uns beiden alles zu viel wurde, packten wir die Golfschläger oder die Skier zusammen und trafen uns auf dem Berg oder auf dem Platz. Wir redeten bis spät in den Abend hinein, erzählten von unserer Arbeit, den Familien, Freunden. Tauschten Erinnerungen aus und ahnten nicht, dass wir längst neue schufen.

Nach einer Trennung neigt man vielleicht dazu, sich schnellen Trost zu suchen, doch das war nicht der Weg, den ich gehen wollte. Weder Marc noch ich wünschten uns in jener Zeit eine neue Beziehung. Wir waren vielmehr an einem Punkt im Leben angelangt, an dem wir spürten, wie wichtig es war, die eigenen Werte neu zu definieren und eine Vision der Zukunft zu weben. Ich wollte nicht noch einmal zusehen müssen, wie eine Beziehung zerbrach, obwohl ich alles für ihr Gelingen getan zu haben glaubte. Ich wollte aus meinen Fehlern lernen, bevor ich etwas Neues begann. Und doch kam es anders, als ich je gedacht hatte.

Jeder kennt die feinen Anzeichen des Verliebtseins, dieses Herzklopfen, diese unbestimmte Nervosität, dieses Kribbeln im Magen. Plötzlich ist es ungeheuer wichtig, wie man aussieht, man überlegt dreimal, was man bei einem Treffen anziehen soll, stylt das Haar – auch wir Männer tun das. Neu und zunehmend verwirrend war jedoch die Tatsache, dass ich es für Marc tat. Ich spürte, wie ich den Treffen mit ihm geradezu entgegenfieberte. Hatten wir einen gemeinsamen Abend geplant und beschlossen, etwas zu kochen und einen Film anzusehen, zerbrach ich mir über Stunden hinweg den Kopf über die Speisen, das Ambiente. Ich suchte einen besonderen Rotwein aus. Zündete Kerzen an. Deckte den Tisch wie für ein Fest.

Manchmal gingen wir auch zusammen einkaufen, am Wochenende, auf dem Bauernmarkt. Marc kochte gern, ich weniger. Aber ich arbeitete ihm zu, wusch Gemüse, schälte, schnippelte und hackte. Auf diese Weise verbrachten wir Stunden in der Küche und redeten währenddessen über alles Erdenkliche. Marc liebte die Berge, er war als Kind mit seinen Eltern oft in die Alpen gefahren. Ich erzählte von meiner Kindheit in Österreich, und mit jedem Gespräch wurde ich mir bewusster darüber, was mich geprägt hatte und mich als Mensch ausmachte. Wenn andere uns so annehmen, wie wir sind, dann können wir uns in ihnen spiegeln, uns selbst in unserem Gegenüber erkennen.

Marc war weit gereist, hatte im Ausland studiert. Seine Erfahrungen boten mir eine neue Perspektive auf mein eigenes Leben.

Und so zelebrierten wir unsere Freundschaft. Genossen die Gegenwart des anderen. Schwiegen zusammen und redeten. Berührten einander im Herzen. Vielleicht flirteten wir auch.

War der Abend dann vorbei und ich lag im Bett, ließ ich in Gedanken jedes Wort, jede Geste Revue passieren. Es war offensichtlich, dass meine Freundschaft mit Marc mehr war, als ich mir eingestehen wollte. Ich fühlte mich zu ihm hingezogen. Ich war auf dem besten Weg, mich Hals über Kopf zu verlieben. Aber … Marc war doch ein Mann!

Hätte ich gewusst, welche Gefühle die Nähe zu ihm in mir auslösten, hätte ich ihn dann gemieden? Sollte ich ihn in Zukunft vielleicht besser nicht mehr treffen? Was lief denn da falsch mit mir?

In den folgenden Wochen fochten mein Kopf und mein Herz einen regelrechten Kampf aus. Mein Herz sendete eindeutige Signale. Das war nicht bloß Freundschaft, die ich empfand, nicht allein. Es war ein Gefühl, wie ich es in dieser Tiefe noch nie erfahren hatte. Diese Wärme ums Herz herum, das bedingungslose Annehmen des anderen, der Wunsch, verbunden, eins zu sein … Das war etwas ganz Großes.

Mein Verstand aber sagte Nein, er wehrte sich mit aller Kraft dagegen. Wollte ich mir das wirklich antun? Eine Männerbeziehung führen? Was bedeutete das für mein Leben, mein Umfeld? Was würden meine Eltern sagen, wenn ich mit einem Mann nach Hause käme? Meine Großeltern? Meine Schwester? Freunde? Arbeitgeber? Die Gesellschaft?

Nichts lag mir ferner, als mich ausprobieren zu wollen. Im Gegenteil. Ich wollte kein Außenseiter sein, kein Teil einer Minderheit, die leidlich geduldet wird. Ich dachte an all jene Vorurteile, die über Homosexuelle kursieren. Ich wollte nicht, dass meine Mitmenschen mir voreingenommen begegneten, in mir bloß den Schwulen sahen. Auch wenn unsere Gesellschaft sich zunehmend für unterschiedliche Lebenskonzepte öffnet, ist es doch etwas ganz anderes, sich aus freien Stücken dazu zu bekennen. Aber was hieß »bekennen« – ich wusste ja nicht einmal, wie sich das anfühlen würde, mit Marc zusammen zu sein, und ob ich das überhaupt wollte – ganz davon zu schweigen, wie er mir gegenüber empfand.

Dabei war klar, dass er es war, der dieses emotionale Chaos in mir auslöste – er und kein anderer. Und während ich mich dagegen wehrte und gleichzeitig die Gefühle in mich aufsog, mich nach seiner Nähe sehnte, trafen wir uns weiter, und irgendwann war es nicht mehr wichtig, ob er ein Mann oder eine Frau war: Ich war dabei, mich in den Menschen zu verlieben, der er war.

Ich erinnere mich, wie wir eines Tages auf dem Tennisplatz standen. Im Vergleich zu ihm war ich ein miserabler Spieler. Ich versicherte ihm, dass er wirklich nicht mit mir spielen müsse, das könne ihm doch wohl kaum Spaß machen. Ich setzte mich selbst unter Druck, wollte unbedingt auf seinem Level spielen, bis er mich regelrecht runterfuhr und sagte: »Es ist völlig egal, wie du spielst. Ich will mit dir zusammen Sport treiben, das macht mir Spaß. Ich will die Zeit mit dir genießen.«

Nur selten im Leben begegnet man Menschen, die einen so nehmen, wie man ist. Und mehr noch: die einen wertschätzen, eben weil man so ist, wie man ist. In Marcs Gegenwart musste ich mich nicht verstellen, keine Rolle spielen, keiner Erwartung entsprechen. Ich nicht – und er ebenso wenig.

Diese Art der Wertschätzung kann es zwischen Freunden geben, zwischen Eltern und Kindern, unter Kollegen. Sie ist immer ein Geschenk, doch was Marc und mich betraf, war sie von Liebe begleitet.

Ich spürte, dass es an der Zeit war, einen Schritt auf ihn zuzugehen. Ich musste ihm von meinen Gefühlen erzählen. Dabei hatte ich unsägliche Angst, ihn zu verlieren.

Einige Abende darauf besuchte ich Marc in seiner Wohnung. Wir saßen in der Küche. Silberne Kerzenleuchter standen auf dem antiken runden Tisch, warmes Licht hüllte uns ein, ich fühlte mich unendlich geborgen. Und so nahm ich meinen ganzen Mut zusammen.

»Du hast es wahrscheinlich auch schon gespürt«, begann ich zögernd. »Zwischen uns beiden … das ist doch mehr als nur eine Freundschaft, oder? Ich glaube, ich habe mich in dich verliebt … Marc … ich liebe dich.« Jetzt war es draußen.

Verlegen starrte ich auf einen Punkt an der Wand. Dort hing ein Familienfoto, ich heftete den Blick darauf. Der Moment dehnte sich aus. Eine Stille, angefüllt mit Angst vor Zurückweisung und Hoffnung auf Liebe. Dann endlich setzte Marc zu einer Antwort an.

»Ich empfinde genauso wie du. Für mich fühlt es sich gut an. Ich spüre eine starke Vertrautheit. Ich liebe dich auch.«

Das war mehr, als ich erwartet hatte. Ich spürte Glück und Erleichterung. Noch mehr Glück. Und dennoch …

»Aber was sollen wir daraus machen?«, fragte ich und blickte auf.

Wir ließen die Frage im Raum stehen. Noch wussten wir keine Antwort darauf.

In den folgenden Wochen trafen wir uns wie gewohnt, genossen die Gegenwart des anderen und näherten uns einander an. Vorsichtig sendeten wir Signale aus. Ja, wir konnten uns vorstellen, zusammenzufinden, irgendwann bald. Doch noch hatte ich Angst, Marc zu bedrängen, und ihm ging es ebenso. Die Vorstellung, dass es nicht richtig war, wenn zwei Männer zusammen waren, geisterte nach wie vor durch unsere Gedanken. Die Erziehung, das Umfeld, abwertende Schwulenwitze, althergebrachte Überzeugungen von Homosexualität als Krankheit ... das alles nistet in den Köpfen der Menschen, und bei mir und Marc war es kaum anders. Ich malte mir aus, mit Marc bei einem Candle-Light-Dinner im Restaurant zu sitzen und Händchen zu halten – das war doch absurd! Zugleich aber wünschte ich mir nichts sehnlicher, suchte seine Berührung, anfangs zögernd, genoss es, wenn unsere Arme sich zufällig streiften, im Kino oder zu Hause, und spürte nach, was das in mir auslöste.

Jedes Paar kennt in seiner Beziehung einen Tag X, wie ich ihn nenne: jenen Zeitpunkt, von dem an klar ist, dass man zusammen ist. Man lernt sich kennen, verliebt sich ineinander, dann kommt der Tag, von dem an man gemeinsam durchs Leben geht. Anschließend lebt man die Beziehung zueinander, zieht irgendwann zusammen, heiratet vielleicht, wünscht sich Kinder.

Unser Tag X war ein ganz besonderer. Marc hatte mich eines Abends mit einer Postkarte von Hamburg überrascht. Darauf stand:

Ich lade Dich ein, ein schönes, romantisches Wochenende mit mir zu verbringen.

In die obere Ecke der Karte war ein Loch gestanzt, und ein Schlüsselanhänger mit einem kleinen Löwen hing daran. Ich musste nicht lange rätseln. Wir würden nach Hamburg fahren und das Musical »König der Löwen« besuchen!

Es war ein Freitagnachmittag im Juli, als wir in Hamburg eintrafen. Marc hatte in einem schönen Designhotel ein Zimmer mit Blick auf die Alster reserviert. Es tat gut, mehrere Hundert Kilometer von zu Hause entfernt zu sein. Wo man fremd ist, fühlt man sich zuweilen freier.

Ich tastete nach Marcs Hand, als wir aus dem Hotel traten und uns auf den Weg zu den Landungsbrücken machten, um mit der Fähre überzusetzen. Es war ungewohnt für uns, Gefühle in der Öffentlichkeit zu zeigen. Wir spürten die Blicke Fremder, dieses Begutachtetwerden. Nicht Mensch, nicht Mann, sondern schwul. An diesem Abend war es nicht länger wichtig.

Wir speisten im Restaurant des Musical-Theaters, bei Kerzenschein. Nun hatte ich mein Candle-Light-Dinner mit Marc, und es war romantisch und fühlte sich richtig an.

Als die Vorstellung begann, sog ich jedes Detail in mich auf. Die Akteure – Giraffen, Zebras – mischten sich unters Publikum und rissen uns mit. Dazu die Melodien, die Kostüme, die Kulisse … es war einfach fantastisch. Und zugleich wäre ein solcher Event gar nicht nötig gewesen, denn noch schöner als alles, was uns dort geboten wurde, war die Gewissheit, dass Marc und ich von jetzt an ein Paar waren. Endlich angekommen. Endlich an der Seite des Menschen, den ich so liebte wie er mich.

Liebe, so viel weiß ich inzwischen, geht manchmal über Grenzen und Konventionen hinweg. Einfach von Herz zu Herz.

Outing

Outing. Das sagt sich leicht. Zwei Silben, und dabei birgt dieses Wort doch so vieles in sich: Verunsicherung, Selbstzweifel. Dann die Angst vor Ablehnung, vor Ausgrenzung. Angst um den Arbeitsplatz, das Ansehen, Angst vor der Reaktion der Menschen, die man liebt.

Zugleich ist das Outing nicht nur negativ behaftet. Wer sich öffentlich zu seiner Homosexualität bekennt, steht zu sich, ist bei sich angekommen – und das oft nach Jahren des Versteckspiels oder der Einsamkeit.

Outing kann ein Befreiungsschlag und manchmal auch der Beginn einer Tragödie sein, dann nämlich, wenn andere in einem nicht länger den Mitmenschen sehen, sondern einem ein Brandzeichen aufdrücken. Unsere Gesellschaft hat uns dazu erzogen, uns miteinander zu vergleichen, und so sind wir mit negativen Urteilen schnell bei der Hand. Doch im Herzen sind wir alle gleich – und ebenso in unseren Träumen und unserem Bedürfnis nach Sicherheit, nach Liebe.

Es ist noch gar nicht so lange her, dass Homosexualität in Deutschland und Österreich strafrechtlich verfolgt wurde. Der berüchtigte § 175 des deutschen Strafgesetzbuchs, aus dem Reichsgesetzbuch vom 1. Januar 1872 übernommen, wurde zur Zeit des Naziregimes in seinem Strafmaß erheblich verschärft und erst 1969 geändert; offiziell hatte er bis zum 11. Juni 1994 (!) Geltung. Und das ist nicht alles: Im Katalog der Weltgesundheitsorganisation (WHO) wurde Homosexualität bis zum Jahr 1992 als Krankheit aufgeführt.

Worin die sexuelle Orientierung eines Menschen begründet liegt, lässt sich bisher nicht mit Bestimmtheit sagen. Während Biologen und Sexualmediziner nach dem »Schwulen-Gen« forschen, ist eine Gruppe von Evolutionsbiologen zu dem Ergebnis gekommen, Homosexualität liege in dem Prozess der Genregulation während der fötalen Entwicklung eines Menschen begründet und sei demnach angeboren.[4] Zwillingsforscher fanden unabhängig davon heraus, dass eineiige Zwillinge dieselbe sexuelle Ausrichtung haben. Es spricht also viel dafür, dass Homosexualität angeboren ist, eine Spielart der Natur, die sich nicht auf den Menschen allein beschränkt.

Zugleich hält sich hartnäckig das Gerücht, die Erziehung sei schuld, die Eltern hätten etwas falsch gemacht, wenn der Sohn schwul oder die Tochter lesbisch ist. Doch in diesem Punkt sind sich die Forscher inzwischen weitgehend einig: Was die im Rahmen der Erziehung angelernten Verhaltensweisen betrifft, kann kein Zusammenhang zwischen Erziehung und Sexualität festgestellt werden.

Fest steht, dass dieses Anderssein für die Betroffenen über die Jahrhunderte hinweg Leid gebracht hat, von der Verfolgung durch die Inquisition über Deportationen zur Nazizeit bis hin zu jüngsten erschreckenden Entwicklungen, wie etwa in Russland. Fest steht auch, dass sich Schwulsein in keinster Weise abtrainieren lässt. Nervenärzte haben genau das in vergangenen Jahrhunderten versucht und nichts anderes erreicht, als dass ihre Patienten sich als krank empfanden und sich selbst ablehnten. Das aber tötet das Individuum von innen heraus ab.

Als ich mich in Marc verliebte und mir meine Homosexualität eingestand, machte ich mich im Internet in Foren kundig, wie andere Schwule ihr Outing erlebt hatten. Ich wollte Erfahrungswerte, brauchte Halt. Was mich bedrückte, war der hohe Anteil an Menschen, die gezwungen waren, sich emotional von ihren Eltern zu entfernen.

Wie andere Homosexuelle auch sah ich mich an einer Weggabelung: Sollte ich offen zu mir stehen und mein Leben, meine Liebe leben? Oder sollte ich nach außen hin das Scheinleben führen, zu dem viele Schwule, die in der Öffentlichkeit stehen, immer noch gezwungen sind? Letzteres kam für mich nicht infrage, niemals. Mit einer Lüge wollte ich nicht leben. Doch noch kreiste ich um mich selbst, gefangen im Käfig meiner Sorgen, und zögerte, den Schritt nach außen zu wagen.

Marc erging es ähnlich, und wir beschlossen ganz pragmatisch, erst einmal abzuwarten. Die Gewissheit, gemeinsam durchs Leben gehen zu wollen, begleitete uns beide. Es war ein völlig anderes Gefühl, als ich es in meinen Beziehungen zu Frauen erlebt hatte, eine tiefe Überzeugung, angekommen zu sein. Liebe, das wurde mir bewusst, kann sich wandeln. Liebe kann Harmonie, Geborgenheit, Lust, Herausforderung bedeuten. Doch manchmal treffen wir im Leben einen Menschen, bei dem es sich so anfühlt, als berühre man ihn in der Tiefe seines Herzens. Ein Déjà-vu-Erlebnis vielleicht, die Begegnung zweier Seelen, die nur zusammen eine Einheit ergeben.

Nein, da war keine Unsicherheit, was Marc und mich betraf. Was mich davon abhielt, mich zu outen, war die Sorge, was meine Eltern sagen würden, meine Schwester, die Großeltern. Es gab Tage, da steigerte ich mich dermaßen in meine Ängste hinein, dass ich glaubte, meine Großmutter könnte einen Herzinfarkt bekommen. Dann wieder fürchtete ich, meine Eltern könnten mich vor die Wahl stellen: sie oder Marc. Und während dieses Chaos in mir brodelte, beschloss Marc, zu mir zu ziehen.

Fast ein Jahr war seit unserem »Tag X« vergangen, als Marc eines Samstags bei seinen Eltern in der Pfalz vorbeifuhr und ihnen erzählte, es gebe einen Menschen an seiner Seite, den er liebe, und der sei ein Mann.

Marc ist anders als ich. Wenn er einen Entschluss fasst, dann zieht er sein Vorhaben durch. Ich war ganz aufgelöst, als er mir am Telefon davon berichtete.

»Ist gut gelaufen, alles in Ordnung«, sagte er und wechselte das Thema, bevor ich ihn mit Detailfragen löchern konnte.

Zwei Monate später mussten wir einige Möbel aus seiner alten Wohnung unterbringen, die er inzwischen gekündigt hatte. Bei seinen Eltern war genug Platz, und so luden wir einen Transporter voll und machten uns auf den Weg. Ich war schrecklich unsicher, hatte gleich dreimal überlegt, was ich anziehen sollte, und war nach zwei Stunden Fahrt vor Nervosität schweißgebadet. In weiser Voraussicht hatte ich ein Ersatzhemd mitgenommen.

Als es dann so weit war, nahm mir die herzliche Begegnung mit Marcs Eltern alle Sorgen. Es dauerte nur einen Atemzug lang, dann spürte ich, dass ich willkommen war. Später, als wir uns näher kennenlernten, sagte mir Judith, Marcs Mutter, sie sei froh, dass ich der Mann an Marcs Seite sei. Sie hatte sich Gedanken gemacht, hatte nicht gewollt, dass ihr Sohn angefeindet, gemobbt, in seiner Karriere behindert werde. Sie war skeptisch, was unsere Gesellschaft betraf, sorgte sich, dass der Hass auf alles, was aus der Norm fällt, sich aufs Neue gegen Schwule richten könnte. Und sie fragte sich, ob sie in der Erziehung etwas falsch gemacht hatte. Judith war immer ehrlich mit uns, und ich rechne ihr hoch an, dass sie trotz ihrer Vorbehalte in mir von Anfang an den Menschen sah, der ich bin. Auch Marcs Vater zeigte mir auf seine Art, dass er mich nicht nur tolerierte, sondern als Partner seines Sohns akzeptierte.

Der Unterschied zwischen Toleranz und Akzeptanz ist uns häufig nicht bewusst. Als Teil einer Minderheit aber spürt man sehr wohl, ob man bloß geduldet oder aber angenommen wird. Gewiss ist Toleranz gegenüber dem anderen, Fremden ein wichtiger erster Schritt weg von der Diskriminierung. Akzeptanz aber hat eine aktive Komponente, sie geht mit selbstverständlicher Integration einher und ist die Voraussetzung für zwischenmenschlichen Respekt.

Eigentlich hätte mir Marcs positive Erfahrung Mut schenken sollen, doch ich war noch nicht so weit, noch immer nicht. Marc nahm es gelassen hin, er drängte mich nicht. Es gehört viel menschliche Größe dazu, dem anderen den nötigen Raum für seine Entscheidungen zu geben, wenn sie einen selbst tangieren.

Manchmal, wenn ich übers Wochenende zu meinen Eltern fuhr, kam er mit. Meine Eltern mochten ihn, sahen in ihm einen guten Freund, der immer für mich da war. Wir taten, als wären wir Kumpel, und das Versteckspiel gelang uns so gut, dass nicht einmal meine Schwester sich sicher war, was uns betraf. Eine Dauerlösung konnte das nicht sein, so viel stand fest.

Unser Zusammenleben gestaltete sich so positiv, wie ich es niemals erwartet hätte. Ab und an besuchten wir eine Bar, ein Restaurant aus der schwulen Szene. Es tat gut, sich nicht verstellen zu müssen, und doch war die schwule Welt nicht der

Bereich, in den wir uns zurückziehen wollten. Wir wollten immer Teil der Gesamtgesellschaft sein, in ihrer ganzen Buntheit.

Viel Platz gab es nicht in meinem Apartment, und so beschlossen wir, gemeinsam eine Wohnung zu kaufen, mitten in der Stadt und doch möglichst ruhig gelegen. Schon bald darauf begegnete uns das ideale Projekt, bei dem wir mitentscheiden konnten, wie unsere Wohnung aufgeteilt werden sollte. Begeistert stürzten wir uns in die Planung, trafen uns so manchen Abend auf der Baustelle. Und doch erzählte ich nichts von alldem zu Hause.

Anfang September fuhr ich nach Österreich, um meine Familie zu besuchen. Magdalena, meine Schwester, war hochschwanger. Am Nachmittag brachen wir beide zu einem gemütlichen Spaziergang auf. Noch fiel die Sonne ins Tal, doch die Berge warfen lange Schatten, und in der Luft lag schon der Geruch nach Herbst. Wir erreichten einen Stollen, der in den Fels getrieben worden war. Im Winter, wenn der Schnee die Pässe unwegbar machte, diente er als Ausweichroute. An diesem Tag aber hatten wir den Stollen für uns allein.

Jetzt oder nie, dachte ich. Zweimal setzte ich an, doch ich brachte kein Wort über die Lippen. Die Felswände schienen näher zu rücken, mir wurde eng. Dann endlich brach es aus mir heraus.

»Also, was ich dir sagen wollte … Es gibt wieder jemanden an meiner Seite«, begann ich. Magdalena musterte mich neugierig. Ich sprach schnell weiter, bevor mich der Mut verließ. »Aber es ist ein Mann. Und du kennst ihn auch.«

»Florian?«, fragte sie und legte den Kopf ein wenig schräg.

»Nein, nicht Florian.« Er war einer meiner besten Kumpel, aber nein, ihm gegenüber hatte ich nie etwas anderes als Freundschaft empfunden.

»Marc?«

Ich nickte, noch ganz aufgewühlt.

Magdalena lächelte breit. »Ehrlich gesagt hab ich's mir schon gedacht. Ich wusste, dass es da jemanden gibt, du hast wieder gestrahlt. Aber ich wollte dich nicht bedrängen und dachte mir, ich warte einfach, bis du es mir von selbst erzählst.«

Ich umarmte sie, was angesichts ihres Bauchs nicht so einfach war. Das Kind, das unter ihrem Herzen heranwuchs, würde es sehr gut bei ihr haben. Immer hatte Magdalena mich ohne Vorbehalte so akzeptiert, wie ich war.

Als ich mich wieder von ihr löste und sie ansah, wunderte ich mich über mich selbst, dass ich die Wahrheit so lange verborgen gehalten hatte. Hatte ich wirklich an Magdalena gezweifelt? Plötzlich verlor der Stollen ringsum seine Enge, und Tonnen von Steinen fielen mir vom Herzen.

Trotzdem brachte ich es immer noch nicht fertig, meinen Eltern von Marc und mir zu erzählen, und das sollte sich auch in den kommenden Wochen nicht ändern. Als ich Ende Oktober das Baby meiner Schwester in den Armen hielt und unsere Familie so glücklich über den Nachwuchs war, beschloss ich, reinen Tisch zu machen. Magdalena bekräftigte mich in meinem Entschluss.

Während der kurzen Autofahrt legte ich mir die Worte zurecht. Doch ich verhedderte mich und wusste nicht, wie ich es erklären sollte. Meine Eltern wohnten in einem Dorf, wo jeder jeden kannte. Was würden die Leute sagen? Würden meine Eltern darunter zu leiden haben, dass ihr Sohn homosexuell war?

Resigniert schrieb ich meiner Schwester eine SMS.

Alles abgeblasen. Doch nicht der richtige Zeitpunkt!

Es sollten noch mehrere Nachrichten dieser Art folgen. Heute lachen Magdalena und ich über diese Zeit, damals aber sackte ich regelmäßig zusammen. Ich stand vor einem Hindernis und wusste nicht, was mich dahinter erwartete. Wie immer in solchen Situationen kostete das Warten auf den vermeintlich rechten Zeitpunkt immens viel Kraft. Ich fühlte mich schuldig, meine Familie auszugrenzen, kam mir wie ein Lügner vor. Ich enthielt ihnen vor, was für mich essenziell wichtig war im Leben.

Letztlich wurde der Druck in mir zu groß, um weiter so zu verharren. Ich beschloss, einen Brief zu schreiben und ihn meinen Eltern vorzulesen. So würden mir zumindest nicht die passenden Worte fehlen.

Dann, endlich, war ich so weit.

Liebe Mama! Lieber Papa!
Sicher wundert Ihr Euch, warum ich Euch einen Brief vorlese. Da ich mir aber sicher bin, dass ich in solch einer Situation nicht die passenden Worte finde, habe ich diesen Weg gewählt.

Vor fast zwei Jahren ist für mich eine Welt zusammengebrochen. Ich stand vor einem tiefen schwarzen Loch. Meine Lebensfreude und mein Glaube blieben auf der Strecke. Dank Eurer Hilfe habe ich trotzdem meinen Weg wiedergefunden. Wie Ihr sicher schon bemerkt habt, geht es mir seit Längerem sehr gut, und ich bin glücklich. Ich habe einen spannenden und verantwortungsvollen Job, nette Kollegen, und die Beziehung zu Euch ist so intensiv, wie ich sie mir immer gewünscht habe.

Dies sind aber nicht die einzigen Gründe, die meine gute Stimmung ausmachen. Ich habe immer auf eine passende Situation, den richtigen Moment oder auf eine ruhige Minute gewartet, aber leider hat sich diese Gelegenheit nie ergeben.

(Vielleicht war ich aber auch nur zu feige!) Ich bin wieder verliebt, nur diesmal in einen Mann. Ich habe lange Zeit gegen diese Gefühle angekämpft, denn ich habe mir meine Zukunfts- planung ganz anders vorgestellt. Vor über einem Jahr habe ich dann die Gefühle zugelassen, und heute weiß ich genau, dass es die richtige Entscheidung war.

Seit Sommer letzten Jahres bin ich mit Marc zusammen. Anfangs war er nur ein sehr guter Freund, der mir einen Tritt gegeben hat, wenn ich nicht mehr konnte. Mit der Zeit wurden wir immer vertrauter, und er war und ist mir eine große Stütze.

Ich weiß, solch eine Situation erfordert viel Zeit zum Nach- denken. Viele schlaflose Nächte und stumme Tage hat es mich gekostet. Oft fragt man sich im Leben, was richtig und was falsch ist, und meistens gibt es keine pauschale Antwort. Ich habe mich für den Weg mit Marc entschieden, obwohl ich ganz genau weiß, dass ich auf eine eigene Familie verzichten muss. Aber wenn ich sehe, was ich von ihm bekomme, weiß ich, dass ich den richtigen Weg eingeschlagen habe.

Gern möchte ich Euch viel mehr über meine Gedanken erzählen, aber ich denke, vorerst reicht es an Neuigkeiten. Vieles bedarf sicher auch einer Erklärung. Ich sehne mich nach einem aufrichtigen Gespräch mit Euch.

Nachdem ich meinen Eltern den Brief vorgelesen hatte, herrschte einen Moment lang Stille. Dann hörte ich, wie meine Mutter weinte.

»Aber das ändert doch nichts für uns«, sagte sie und wischte sich die Tränen aus den Augen.

»Es geht dir gut, du bist glücklich – das ist die Hauptsa- che!«, bekräftigte mein Vater.

»Genau.« Meine Mutter nickte. »Außerdem ist Marc ein sehr lieber Partner an deiner Seite.« Sie kam auf mich zu und nahm mich in die Arme.

Der Druck, den ich mir selbst gemacht hatte, stand in keinem Verhältnis zu dem Verständnis, das mir in Wirklichkeit entgegengebracht wurde. Wenn ich heute zurückdenke, frage ich mich, warum ich mir das Leben künstlich so schwergemacht hatte. Aber vielleicht, so sage ich mir, ermöglicht diese Episode Außenstehenden einen Einblick in das, was in »uns Schwulen« vor sich geht, wenn wir uns auf uns selbst einlassen und zu unserem Anderssein bekennen.

Marc und ich hatten großes Glück. Nicht jede Geschichte verläuft so positiv, und doch haben wir Homosexuellen eines gemeinsam: Wir müssen zu uns stehen und uns erklären. Dabei erwarten wir nicht zwangsläufig, dass man uns mit Wohlwollen begegnet. Doch wie auch immer die Reaktionen der Menschen von außen ausfallen: An unserer Veranlagung ändert sich nichts. Letztlich kann man nur zu sich stehen. Und das betrifft nicht allein das Schwulsein.

Wenn ich meine Wünsche an unsere globale Zukunft auf den Punkt bringe, so lassen sie sich ganz einfach zusammenfassen: Liebe soll nicht mehr abhängig sein von sexueller Orientierung, sondern jeder sollte verstehen, dass sie von Mensch zu Mensch und von Herz zu Herz geht.

Richard, Marcs Vater, hatte eine unnachahmliche Art, mir seine Akzeptanz zu beweisen.

Monate nach meinem Outing bei meinen Eltern fand das erste große Familienfest in der Villa von Marcs Tante statt. Es war Ostern, und alle sollten zum Brunch kommen: Marcs Bruder Georg und seine Frau Charlotte mit der kleinen Luise, seine Tante und der Onkel, eine Cousine, die Großeltern. Als Marcs Partner war ich selbstverständlich auch eingeladen. Angesichts der Begegnung mit Marcs Großfamilie packte mich die Nervosität.

Bloß nichts falsch machen!, hämmerte ich mir in Gedanken ein.

Schon von außen wirkte die Villa geradezu pompös. Der Eingang war mit Palmzweigen geschmückt. Im Innern war alles festlich dekoriert, mit handbemalten Eiern, bunten Osterhasen und großen Frühlingssträußen.

Als wir das Wohnzimmer betraten und ich die fremden Gesichter vor mir sah, atmete ich tief durch und wünschte dann voller Inbrunst: »Frohe Weihnachten allerseits!«

Kaum hatte ich die Worte ausgesprochen, bemerkte ich meinen Lapsus. Am liebsten wäre ich auf der Stelle im Erdboden versunken.

Richard trat auf mich zu, lachte, legte mir einen Arm um die Schultern und sagte: »Frohe Ostern, Tobias. Schön, dass du zu unserer Familie gehörst!«

Und so wuchsen wir zusammen, Marc, ich und unsere Familien. Wir schufen das Netz, das uns und später unseren Sohn auffangen würde, was auch immer geschehen mochte.

Wünsche an das Leben

In den folgenden Monaten gewöhnten Marc und ich uns an das Zusammenleben. Wir steckten viel Energie in die Arbeit, kochten abends wie zu Beginn unserer Freundschaft oder gingen mit unseren Freundinnen und Freunden essen.

Wir machten auch Bekanntschaft mit anderen schwulen Paaren. Es tat gut, sich spontan zu umarmen, einen Kuss zu geben und keinen Gedanken daran verschwenden zu müssen, wie man sich als Homosexueller angemessen verhielt.

Der Bau der Wohnung schritt voran. In unseren freien Stunden suchten wir Fliesen für ein schickes Bad aus und einigten uns auf ein Fischgrätmuster fürs Parkett. Ich liebäugelte mit rot-beigen Vorhängen mit Längsstreifen, Marc suchte nach passenden Lampen. In meiner Vorstellung nahm unser gemeinsames Zuhause bis ins Detail Gestalt an. Ästhetisch sollte unsere Wohnung sein und warm zugleich, ein Rückzugsort, Freunde- und Familientreff. Wir hatten viel Platz und richteten ein gemütliches Gästezimmer ein, denn Kinder, so dachten wir, würden wir ja keine bekommen.

Ich erinnere mich an unseren Einzug. Der erste Abend sollte etwas Besonderes sein, mit Champagner und einigen ausgesuchten Köstlichkeiten. Was jedoch nicht geliefert wurde, war der Esstisch. Also breitete ich eine Tischdecke auf dem Boden aus, richtete ein Picknick darauf an und zündete Kerzen über Kerzen an. Der warme Schein ließ die Umgebung flirren. Glück war so einfach an Marcs Seite.

Ungetrübt war unser Leben jedoch nicht. Unsere Gesellschaft gibt sich gern den Anschein, bunt und tolerant zu sein. Doch auch andere Stimmen melden sich immer wieder zu Wort. Seit ich mich vor mir selbst geoutet hatte, verfolgte ich die Nachrichten zum Thema Homosexualität mit gesteigerter Aufmerksamkeit. Einerseits schien unsere Welt liberaler zu werden, doch es waren die Gegenströmungen, die mich aufwühlten. Wenn ich im Internet die abwertenden Kommentare von Usern las, hatte ich manchmal das Gefühl, einen Faustschlag in den Magen zu bekommen. Auch auf niveauvollen Nachrichtenseiten wurde gegen die Homo-Ehe gewettert, wurden Schwule als widernatürlich verschrien, und so mancher hing ganz offen noch der Zeit nach, in der Homosexualität strafbar gewesen war. In gewissen Momenten empfand ich die allgemeine Stimmung als geradezu bedrohlich, und dann war ich besonders dankbar für die Zweisamkeit mit Marc und zog mich dorthin zurück, in unseren geschützten Raum.

Nach wie vor tauschten wir uns über alles aus, was uns berührte, was unseren Tag und den unserer Freunde ausmachte. Immer wieder war ich verblüfft darüber, wie gut wir uns ergänzten. Der lange Prozess des Outings hatte uns noch mehr zusammengeschweißt. In gewisser Weise war unsere Welt vollkommen. Und doch … fehlte da nicht etwas? Es gab doch noch Platz, in unserer Wohnung – und deutlich spürbar auch in unseren Herzen.

Wenn wir abends zusammensaßen, überlegten wir, an welches Ziel die Reise des Lebens uns beide wohl führen würde. Viele schwule Paare konzentrieren sich auf ihre Karriere und genießen in der Freizeit die Annehmlichkeiten des Lebens zu zweit. Das, so waren wir uns einig, wäre uns einfach nicht genug. Immer wieder tauchte in unseren Gesprächen der Wunsch nach einem Kind auf. Wir pflegten enge Beziehungen zu unseren Nichten und Neffen, und auch wenn mancher sich denkt, dass Tante oder Onkel zu sein eine gute Wahl ist, weil man hier die Verantwortung und den ganzen Trubel am Ende des Tages wieder in die Hände der Eltern übergeben kann – bei uns war das nicht der Fall, im Gegenteil. Mein Blick schweifte durch unser schickes Zuhause, und ich stellte mir vor, wie klebrige Finger überall ihre Spuren hinterließen, Legosteine am Boden herumlagen und die Kissen eine Kuschellandschaft mit Bilderbüchern bildeten. Genau das war es, was ich mir wünschte, und Marc empfand ebenso.

Wer sich für ein Kind entscheidet, kann nicht voraussehen, was auf ihn zukommt. Ein Kind bedeutet lebenslange Verantwortung, die Bereitschaft, mit ihm durch dick und dünn zu gehen und am anderen zu wachsen: am Partner wie am Kind. Anfangs war es noch ein vager Wunsch, der sich immer wieder in unsere abendlichen Gespräche schlich. Anderthalb Jahre waren wir nun ein Paar. Ein Kind, da waren wir uns einig, durfte niemals eine Lücke in unserer Beziehung füllen, sondern sollte eine Entscheidung aus einem Überfluss an Liebe heraus sein.

Wie und ob aus unserem Wunsch nach einer Familie Realität werden konnte, wussten wir zu jenem Zeitpunkt nicht. Natürlich hatten wir von prominenten Schwulen gehört, die Kinder adoptiert hatten. Doch ob für uns diese Möglichkeit bestünde, war uns nicht klar. Wir waren ein schwules Paar, da waren Kinder schließlich nicht vorgesehen. Ich hatte Sorge, mich in Fantastereien und Wunschträumen zu verlieren und anschließend bitter enttäuscht zu werden. So beschlossen wir, erst einmal gemeinsam Urlaub zu machen und uns anschließend in das Thema zu vertiefen.

Marc hatte ein Auslandssemester in Südafrika verbracht und fühlte sich dort ein Stück weit zu Hause. Er hatte zahlreiche Bekanntschaften mit Einheimischen geschlossen und abseits der Touristenspots unvergleichlich schöne Gegenden kennengelernt. Und die wollte er mir zeigen.

Als wir in Kapstadt ankamen und durch die Straßen schlenderten, nahm mich die Stadt mit ihrer Lebendigkeit sogleich gefangen. Ich sog das einzigartige Licht der Südhalbkugel in mich auf, die Rhythmen der Musik, die Lebensfreude. Als schwules Paar hatten wir hier keine Probleme, das Land und seine Menschen zeigten sich weltoffen.

Gemeinsam machten wir uns auf Spurensuche in Marcs Vergangenheit. Seit seinem Aufenthalt hatte sich etliches verändert. Das Haus, in dem er gelebt hatte, war zu einem Bed & Breakfast geworden. Die Universität war um fünf Gebäude erweitert worden, und wir hatten Mühe, die alten Vorlesungssäle zu finden. Die Strandpromenade mit ihren zahlreichen Bars und Klubs war zu einem Hotspot für ein internationales Publikum geworden.

Nach zwei Tagen beschlossen wir, der Stadt fürs Erste den Rücken zu kehren, und ließen uns von der Schönheit des westlichen Kaps faszinieren. Ich sog die Kontraste um mich herum tief in mich auf: die sanften Weinberge bei Stellenbosch, im Hintergrund die schroffen Hänge der Zwölf Apostel. Den Duft exotischer Pflanzen und den Salzgeruch nahe der Küste, dort, wo zwei Ozeane aufeinandertreffen.

Südafrika übertraf alles, was ich bis dahin gesehen hatte. Die Natur mit ihrem Artenreichtum wirkte so ungezähmt und auf mysteriöse Weise befreiend.

Unser schönster Urlaubstag aber verlief überraschend anders. Im Gepäck führten wir einen Koffer voller Spenden für eine deutsche Freundin mit, die sich um Waisenkinder in einer Township bei Kapstadt kümmerte.

Schon auf dem Weg vom Flughafen in die City hatte ich Ansammlungen von Wellblechhütten gesehen, in denen Tausende Menschen dicht an dicht leben. Townships sind Überbleibsel der Apartheidspolitik. Im Zuge der Rassentrennung wurden Schwarzen, Coloureds und Indern Viertel am Rand der Stadt zugewiesen, wo sie in beengten Verhältnissen unterkamen, ohne ausreichende Infrastruktur und angemessene Versorgung. Nach dem Ende der Apartheid wuchsen die Probleme noch weiter an und schufen ein Gemisch aus Arbeits- und Hoffnungslosigkeit, Krankheit, Drogenkonsum und erschütternder Armut.

Ich wusste nicht, was uns erwartete, als wir uns mit unserem Koffer voller Spenden und einer großen Tüte Süßigkeiten auf den Weg in die Township machten. Wir überquerten notdürftig geteerte Straßen, kamen an billig errichteten Häusern vorbei. Dazwischen entdeckten wir ausrangierte Wohnwagen, behelfsmäßige Hütten und den einen oder anderen windschiefen Unterschlupf aus Pappe, Plastikplanen und Holz. Aus den Behausungen drangen Stimmen, Rufe, Lachen, und über allem lag der Geruch von Kochfeuern und Müll. Auf den Müllbergen spielten Kinder, sie waren barfuß. Das Bild brannte sich in mein Gedächtnis ein.

Das Waisenhaus entpuppte sich als größere Blechhütte, die von einem Garten umgeben war. Auf den ersten Blick war zu erkennen, dass es hier an Mitteln, aber keineswegs an gutem Willen fehlte, den Kindern ein menschenwürdiges Leben zu ermöglichen.

Kaum betraten wir das Waisenhaus, wurden wir von gut

zwanzig Kindern umringt. Das kleinste Mädchen war drei, die größeren Jungen schon sieben. Mit großen dunklen Augen strahlten sie uns an. Mir schlug eine überschwängliche Freude entgegen, die in harschem Kontrast zu der Situation der Kinder stand. Welche Chance hatten sie im Leben? Wer hatte sie lieb? Einen Herzschlag lang dachte ich an unsere Nichten und Neffen und an die Geborgenheit, in der sie aufwuchsen. Ich musste schlucken. Dann ließ ich mich von dem Trubel ringsum davontragen. Die Kinder beäugten die Geschenke, die Freunde und Kollegen gespendet hatten – Spiele, Kuscheltiere, Puppen, Kleidung, auch eine gehäkelte Babydecke. Später verteilte ich die Süßigkeiten. Nie hätte ich gedacht, dass ein einzelner Lutscher so viel bedeuten kann.

Ein Zitat von Jean Paul kam mir in den Sinn.

Schafft die Tränen
der Kinder ab,
Das lange Regnen in die Blüten
ist so schädlich

Unwillkürlich wanderte mein Blick zu Marc hinüber. Genau wie ich hatte er sich hingekniet, auf Augenhöhe mit den Kindern, die über ihn hinwegkletterten, sich an ihn schmiegten, mit ihm lachten und die neuen Spielsachen ausprobierten. Dieses Kinderlachen war unbezahlbar, und obwohl wir auf unserer Reise wahrhaft magische Momente erlebt hatten, so war kein Eindruck stärker gewesen als dieser.

Wie glücklich wir wären, wenn wir für eines dieser Kinder einfach da sein dürften, dachte ich.

Am Abend, als wir an der Camps Bay in einem Restaurant saßen, erzählte ich Marc, wie ich mich gefühlt hatte.

»Ich habe mein Herz an die zwanzig Kinder verloren«, sagte ich, und er nickte. Ihm war es genauso ergangen.

Lange redeten wir, fragten uns, ob wir uns vorstellen konnten, Verantwortung für ein Kind zu übernehmen, ein Waisenkind vielleicht. Uns war klar, dass es mit einem Lutscher, einem T-Shirt und dem einen oder anderen Spielzeug nicht getan war. Wir haben doch mehr zu geben, dachte ich.

In Gedanken spielten wir unser Leben zu Hause in Deutschland durch, den Alltag mit einem Kind, wie wir es von den Familien unserer Geschwister kannten. Wir erwogen das Maß an Verantwortung, das Eltern tragen, rund um die Uhr, ein Leben lang.

Marc und ich hatten in unserer Partnerschaft eine stabile Basis geschaffen. Der Weg, den wir in den letzten zwei Jahren gegangen waren, hatte uns zusammengeschweißt.

Ich spürte keinen Widerstand in mir, als ich an die Herausforderungen dachte, die ein Kind mit sich bringt. Keine Spur von dem Gefühl, etwas zu verpassen, im Gegenteil! Stylishe Reisen, Gourmetrestaurants, ein Golfwochenende hier und ein Musicalbesuch dort – natürlich machte das Spaß, aber das konnte doch nicht alles sein. Wir wollten nicht nur arbeiten und das Leben zu zweit genießen.

Einige Tage später flogen wir wieder nach Hause, zurück in unser gewohntes Umfeld, und spürten nach, ob unsere Gefühle sich änderten. Während wir aufs Neue in den Alltag eintauchten, uns wiederfanden in dem vertrauten Trott des Lebens, trug ich den Wunsch weiter in mir, mein Leben mit einem Kind zu teilen. Unser Leben, denn Marc empfand so wie ich.

Unsere Gespräche wurden immer konkreter. Ja, wir waren bereit, unseren Lebensstil aufzugeben und uns auf ein Kind und seine Bedürfnisse einzustellen. Unsere persönlichen Wünsche würden zugunsten eines Kindes in den Hintergrund treten, das war kein Thema. Das Geschenk, das eine Familie für uns bedeutete, wöge alles auf, was immer auf uns zukäme.

Marc und ich hatten das Glück gehabt, in einem harmonischen Elternhaus aufzuwachsen. Unsere Eltern hatten uns immer geliebt, uns Werte vermittelt und in unserem Werdegang unterstützt. Sie hatten uns voll und ganz akzeptiert, als wir uns geoutet hatten. Die Erfahrung eines lebendigen Elternhauses voller Geborgenheit war unser wahres Kapital, das Erbe unserer Eltern und Großeltern, auf das wir zurückgreifen konnten, wenn wir uns für ein Kind entschieden.

Manchmal bringt man Souvenirs von einer Reise mit und manchmal Einsichten. Wenn Marc und ich an unsere Zukunft dachten, waren wir uns einig: Wir wollten unser Leben mit einem Kind teilen. Wollten weitergeben, was wir selbst bekommen hatten.

Doch eine Frage blieb im Raum stehen, auf die wir keine sichere Antwort wussten: Konnten wir als Väter einem Kind genug geben? Oder würde ihm die Mutter fehlen?

Kindeswohl

Rein rechtlich gesehen standen uns 2007 in Deutschland drei Möglichkeiten offen, um eine Familie zu gründen: die Aufnahme eines Pflegekindes, eine Inlandsadoption oder eine Auslandsadoption.

Vor dem deutschen Adoptionsgesetz galten Marc und ich als Single-Männer, unabhängig davon, ob wir eine Lebenspartnerschaft eintragen ließen oder nicht. Insofern konnten wir nicht gemeinschaftlich adoptieren. Doch bevor wir uns tiefer in die Materie hineinbegaben, wollten wir eine Antwort auf die wichtigste Frage finden: Wären wir zwei, Papi und Papa, in der Lage, einem Kind alles zu geben, was es braucht, um in seinem Leben glücklich zu werden?

Ja, dachte ich, wann immer ich Marc inmitten seiner Nichten und Neffen erlebte. Ja, dachte auch er, wenn er mich beobachtete, wie ich mit Kindern umging. Aber wie sah es objektiv betrachtet aus? Würde unserem Kind die Liebe einer Mutter fehlen? Wäre es in seinem Leben unterschwelligen oder gar offenen Anfeindungen ausgesetzt, weil es zwei schwule Väter hätte?

Marc und ich versuchten, dieses komplexe Thema möglichst rational anzugehen. Als wir den Begriff des Kindeswohls im Internet recherchierten, erkannten wir, dass er inhaltlich nirgends klar definiert war. Genau das hatte aber zur Folge, dass alle Institutionen – darunter auch die Politik und die öffentliche Meinung – sich eigene Definitionen anmaßten, wenn es um das Wohl eines Kindes ging. Ein Urteil gegen Homosexuelle war da schnell gefällt, auch ohne die jeweiligen Fakten zu kennen und ohne überhaupt einen Blick in Regenbogenfamilien geworfen zu haben.

»Mir ist das alles zu theoretisch«, sagte ich zu Marc und klappte den Laptop zu.

»Und mir ist es zu vage«, erwiderte er. »Was braucht ein Kind wirklich, um glücklich zu sein und sich zu entfalten? Was meinst du?«

»Liebe«, sagte ich, ohne groß nachdenken zu müssen. »Starke Bindungen. Familie. Ein Nest. Wärme. Trost ...«

Marc nickte. »Vertrauen«, ergänzte er. »Es braucht Liebe, enge Bindungen und Vertrauen, damit es sich zu einer eigenständigen Person entwickeln kann.«

Marc und ich hatten schon viele Abende über unsere Vorstellungen von der Erziehung und Förderung eines Kindes gesprochen. Einerseits gab es ein riesiges Angebot an Fördermöglichkeiten. Wenn man es darauf anlegte, konnte man den Terminplan eines drei Monate alten Kindes ohne Weiteres füllen. Andererseits waren wir der Ansicht, dass es immens wichtig war, auf die Bedürfnisse des jeweiligen Kindes einzugehen und herauszufinden, welche Eigenschaften und Anlagen es mit auf die Welt brachte. Wir wünschten uns keine Kopie unserer selbst, sondern wollten die eigene Persönlichkeit unseres Kindes fördern. Das verlangte Feinfühligkeit und einen achtsamen Umgang mit dem Kind.

Lange Abende sprachen wir über die Bedürfnisse von Kindern. Immer wieder schlich sich das Bild aus der Township in meine Gedanken, barfüßige Kinder inmitten von Müllbergen. Marc und ich waren uns einig, dass ein Kind, wenn es behütet ist, gefördert wird und von Liebe umgeben ist, beste Voraussetzungen hat, um zu einem stabilen Menschen heranzuwachsen und ein erfülltes Leben zu verwirklichen.

»Aber all das könnten wir ihm doch geben«, warf ich ein.

»Dann lass uns überlegen, was wir ihm nicht geben können«, antwortete Marc. Eine Weile hingen wir unseren Gedanken nach.

»Wir können keine Bindung vor der Geburt aufbauen, und wir können es nicht stillen«, überlegte ich.

»Aber wir wollen ja keiner Mutter das Kind wegnehmen, sondern ein Kind bei uns aufnehmen, das keine Mutter hat«, erwiderte Marc.

»Wenn eine Frau ein Kind adoptiert, dann hat sie keine hormonell bedingte Bindung an das Kind. Und sie kann auch nicht stillen.«

Mit dieser Argumentation drehten wir uns im Kreis.

»Was meinst du, wie unterscheidet sich Mutterliebe von der eines Vaters?«, fragte Marc weiter.

Ich dachte an meine Schwester, wie sie ihren neugeborenen Sohn in den Armen gehalten hatte. Ihre Liebe zu ihm war so tief, dass sie förmlich zu greifen gewesen war. Ein solches Gefühl spürte ich auch in mir, denn unsere Eltern hatten es uns geschenkt. Es war anders als das, was ich für Marc empfand. Und obwohl sämtliche Formen der Liebe nicht wirklich zu messen oder gegeneinander aufzuwiegen sind, wusste ich, dass ich mein Kind noch tiefer oder zumindest anders, jedenfalls ohne Bedingung lieben würde. Vielleicht, so dachte ich, ist genau das die Mutterliebe.

In gewisser Weise hatte ich meine Antwort bereits gefunden, suchte während der folgenden Tage jedoch weiter. Schließlich wollte ich nicht, dass unser Kind, wenn wir denn wirklich eines hätten, irgendeinen Mangel litt.

Während meiner Suche fragte ich mich manchmal, ob wohl jedes oder auch nur jedes zweite Heteropaar, das ein Kind in die Welt setzte, sich solche Gedanken machte. Beziehungsweise wie es den Kindern auf unserer Welt erginge, wenn es tatsächlich so wäre.

Ich fragte mich auch, ob ich wirklich eine Antwort auf die Frage finden könnte, ob ein Kind eine Mutter braucht. Letztlich ist Liebe ein Gefühl, das jeder von uns unterschiedlich empfindet und benennt. Für manche geht Liebe einher mit einem Vertrag und einer Abmachung, in der Geben und Nehmen wie eine Bilanz gegenübergestellt werden. Für andere und ganz gewiss auch für Marc und mich beinhaltet Liebe eine Kraft, die uns über uns selbst hinauswachsen lässt. Wir waren uns sicher, dass ein Kind gerade diese Qualität der Liebe verlangt.

Ein Bekannter, der zwei Töchter seit ihrem sechsten beziehungsweise achten Lebensjahr allein erzogen hat, meinte, die typischen weiblichen Eigenschaften wie Sanftheit, Wärme, Nachgiebigkeit und Fürsorglichkeit habe er auch an sich beobachtet, sie seien Teil seines Wesens. Zugleich bemühte er sich, seine Töchter zu fordern, um sie zu fördern, sie machen zu lassen, ohne immer gleich einzugreifen, sie zugleich aber zu beschützen. Es sei eine Illusion, dass nur Frauen all das geben könnten, davon war er überzeugt. Im Gegenteil sei der harte Umgang seiner Exfrau mit den Kindern einer der Gründe gewesen, sich von ihr zu trennen.

Wenn wir auf unsere Nichten und Neffen aufpassten, spürten wir, dass wir Alltagssituationen mit Kindern gut meistern konnten. Uns war bewusst, dass es bei der Sorge um ein Kind nicht allein darum ging, das Fläschchen zu geben, den Brei zu füttern oder über eine Schürfwunde am Knie zu pusten. Wir hatten in unserem Leben genug Größe von Menschen erfahren, die uns liebten, und wussten, wir konnten diese Art der Zuwendung weitergeben.

Wir wussten, dass wir viel zu geben hatten. Darüber hinaus könnten wir unserem Kind ein solides soziales Netz aus Tanten, Onkeln, Vettern und Cousinen, Urgroßeltern und Großeltern bieten. Nur weil wir schwul waren, würde unser Kind nicht in die Isolation getrieben werden, im Gegenteil. Wir hatten viele enge Freundinnen in unmittelbarer Nähe, allen voran Christine, die ein Stockwerk über uns wohnte. Im Kindergarten und in der Schule würde unser Kind weitere weibliche Bezugspersonen finden.

In den Monaten nach unserer Rückkehr aus Südafrika wuchs in uns die Überzeugung, dass wir unserem Kind gute Eltern sein könnten, und der Gedanke an eine Adoption rückte immer näher.

Ich fragte mich des Öfteren, wie sich die Liebe meiner Mutter und meiner Großmutter von der meines Vaters, Großvaters unterschied. Ich hatte im Leben so viel Fürsorge erfahren, so viel Verständnis und Unterstützung. Jeder Einzelne liebte mich auf seine ganz persönliche Weise und nicht, weil er eine Rolle erfüllte. Ich war froh über dieses soziale Netz, in dem ich mich aufgehoben und angenommen fühlte.

Apropos Großeltern. Die Eltern meiner Mutter hatten in meinem Leben immer eine ganz besondere Rolle gespielt. Endlich hatte ich es über mich gebracht, mich auch vor ihnen zu outen. Sie waren zu dem Zeitpunkt schon an die achtzig, und ich hatte ganz einfach Angst gehabt, sie zu überfordern.

Wie meinen Eltern hatte ich auch ihnen einen Brief geschrieben, ihnen darin von Marc erzählt und wie unsere Gefühle füreinander sich gewandelt hatten.

Ich schloss mit den Worten:

Anfangs war die Situation sehr schwierig für uns, da wir erst nicht wussten, wie wir mit diesen Gefühlen umgehen sollten. Doch wir fanden gemeinsam den absolut richtigen Weg: die Liebe zuzulassen, zu akzeptieren und zu genießen.

Mittlerweile sind wir schon mehr als zwei Jahre zusammen, und ich bedauere es von tiefem Herzen, dass ich es Euch nicht früher gesagt habe. Da ich allerdings nur schwer einschätzen konnte, wie Euch dies eventuell belasten könnte, habe ich so lange diesen besonderen und sehr schönen Teil meines Lebens verschwiegen.

Ich sehne mich so sehr danach, Euch von meinem »neuen« Leben zu erzählen. Von meinem Alltag, von meinen Projekten und Plänen für die Zukunft mit Marc. Da ich mit Euch schon so viel erlebt und durchgemacht habe, bin ich mir sicher und hoffe sehr, dass Ihr alles verstehen könnt.

»Bravo, sehr schön gelesen!«, rief meine Großmutter, und mein Großvater nickte einvernehmlich.

Einen Moment lang war ich perplex, dann musste ich lachen. So waren die beiden. So war ihre Liebe zu mir, war sie immer schon gewesen. Ohne jede Bedingung.

Unsere Welt braucht mehr von dieser Liebe, dachte ich.

Menschen leiden unter mangelnder Liebe und Ablehnung, Ausgrenzung. Doch Liebe und Akzeptanz, die hatten Marc und ich im Überfluss.

Und damit stand unser Entschluss fest. Wir würden uns für die Adoption eines Kindes aus dem Ausland aufstellen lassen. Der Rückhalt unserer Familien war uns gewiss. Nun galt es, in Erfahrung zu bringen, wie das Jugendamt zu uns als homosexuellem Paar stand.

Ein grauer Raum

Ende August lud das Jugendamt zu einer Informationsveranstaltung zum Thema Auslandsadoption ein. Es war ein Raum, wie er tausendfach in deutschen Ämtern zu finden ist. Neonröhren an der Decke, der Boden in einem undefinierbaren Grau ausgelegt. Leicht abgewetzte Tische und Stühle, in Hufeisenform aufgestellt.

Als Marc und ich eintraten, richteten sich die Blicke aller Anwesenden auf uns. Ich verdrängte den Gedanken daran, was die anderen Paare von uns dachten. Ich war viel zu nervös. Es war unser erster offizieller Termin, bei dem wir uns für die Adoption eines Kindes bewarben.

Marc und ich suchten uns einen Platz und nickten den anderen ausnahmslos heterosexuellen Paaren zu. Fragen schossen mir durch den Kopf, während wir uns setzten, Fragen, die ich mir den ganzen Tag über schon gestellt hatte. Welchen Eindruck machten wir? Traute man uns zu, einem Kind ein stabiles Zuhause zu geben? Würden wir gleich behandelt werden, so wie heterosexuelle Paare auch?

Uns beiden war klar, dass wir überzeugend auftreten mussten, überzeugender als die anderen Paare. Ich spürte den Druck, der auf dieser Situation lastete. Wollte, wie ich es immer tat, wenn ich nervös war, auf dem Stuhl herumrücken, doch er war mit grauem Stoff überzogen und bremste mich. Ich umklammerte den Rand des Sitzes, zwang mich stillzuhalten und sah auf die Uhr.

Punkt 19 Uhr betraten zwei Sozialpädagoginnen des Jugendamts den Raum, stellten sich vor und gaben einen Überblick über die Thematik des Abends:
- die Aufgaben des Jugendamts bei Auslandsadoptionen
- die Vermittlungskriterien
- mögliche Problematiken der Kinder
- der Stellenwert der Herkunftsfamilie
- die Langzeitbedeutung einer Adoption
- der unerfüllte Wunsch nach leiblichen Kindern und
- die Aufnahme eines Pflegekindes als Alternative zu einer Adoption.

Zuerst aber sollten die Anwesenden sich vorstellen. Ich war neugierig, wie die anderen sich positionieren würden. Marc und ich hatten uns akribisch vorbereitet, hatten jedes Wort auf die Goldwaage gelegt. Entsprechend erstaunt war ich, dass die meisten Paare recht vage klangen. Ja, sie konnten sich eine Adoption vorstellen, wollten sich aber erst einmal informieren. Eine Familie hatte bereits zwei eigene Kinder und dachte über eine Adoption nach, um einem Kind aus dem Ausland ein Zuhause zu geben.

Die Entscheidung, ein Kind zu adoptieren, kann spontan erfolgen – wenn man zum Beispiel in den Nachrichten mit dem Leid von Kindern konfrontiert wird und seinen Beitrag leisten möchte. In den meisten Fällen geht der Weg zur Adoption jedoch mit einem emotionalen Reifeprozess einher. Ein hoher Prozentsatz der Paare hat über lange Jahre hinweg vergeblich versucht, auf natürlichem, dann auf künstlichem Weg ein Kind zu bekommen.

Hinter den Worten, die in dem grauen Raum schwebten,

lagen unterschiedliche Geschichten verborgen, das spürte ich. Da klang der dringliche Wunsch nach einem leiblichen Kind an. Das Warten und Hoffen. Die Enttäuschung, schließlich das Ausweichen auf künstliche Befruchtungsmethoden, gefolgt von weiterer Enttäuschung. All das sprach aus den Gesichtern, den Stimmen, und ich musste mich förmlich davon losreißen, um mich auf uns zu konzentrieren.

Als die Reihe an Marc und mich kam, legte sich meine Nervosität, und ich wurde ganz ruhig. Jetzt ging es um alles.

Ich stellte uns namentlich vor, dann begann ich. »Wir sind hier, weil wir uns dazu entschlossen haben, ein Kind aus Südafrika zu adoptieren.

Wir haben den Antrag beim Landesjugendamt bereits eingereicht und hoffen auf eine positive Überprüfung vom Stadtjugendamt.«

Als ich geendet hatte, musterte ich die Sozialpädagogin, die mich zum Sprechen aufgefordert hatte. Sie nickte wohlwollend, und ich fühlte mich ein bisschen wie in der Schule, wenn ich etwas aufsagen musste. Ich war mir sicher, dass sich die Mitarbeiter des Jugendamts über diesen Abend und ihre Eindrücke von den potenziellen Eltern austauschen würden. Natürlich waren wir anders, natürlich würde lang und breit über uns diskutiert werden. Es war die erste Situation, in der wir geprüft wurden, dieses Mal noch nicht offen, und es sollte nicht unsere letzte Prüfung sein.

Marc ergänzte meine Worte, dann war das nächste Paar an der Reihe.

Ich war gedanklich noch bei unserer Vorstellung. Alles in allem war ich hochzufrieden mit uns. Wir hatten uns klar positioniert und im Gegensatz zu den anderen Paaren bereits einen einhelligen Entschluss gefasst. Auf gewisse Weise hatten wir es einfacher als sie, denn wir trugen in uns nicht den

Wunsch nach einem leiblichen Kind. Für uns war eine Adoption nicht die letzte Möglichkeit, ein Kind zu bekommen, sondern die einzige. Und das machte es zugleich auch schwierig und verlieh der Situation enormen Druck.

Der Rest des Abends verging wie im Fluge. Inhaltlich waren wir so gut vorbereitet, dass wir kaum Neues erfuhren. Als wir zwei Stunden später nach Hause fuhren, spürte ich, wie die Anspannung mich nach und nach verließ. Ich drückte Marcs Hand. Wir sahen uns an und lächelten. Für einige war es bloß eine Informationsveranstaltung gewesen, für uns aber die offen geäußerte Entscheidung: Wir wollen ein Kind miteinander.

Was war diesem so wichtigen Tag vorausgegangen?

Marc und ich waren unsere Optionen in den vergangenen Monaten immer wieder durchgegangen. Ein Pflegekind, bei dessen Erziehung die Herkunftsfamilie stark integriert wäre, schlossen wir als Möglichkeit aus. Wir waren uns sicher, dass eine konventionelle Familie, möglichst mit eigenen Kindern, hier bessere Aussichten hatte, den Spagat zwischen den leiblichen Eltern und der Pflegesituation zu vollziehen, um das Kind in seiner Entwicklung zu unterstützen. Eine dauerhafte Aufnahme von einem Kind aus einer Familie, die selbst aus unterschiedlichen Gründen nicht in der Lage war, die Versorgung ihres Kindes zu gewährleisten, war zwar möglich. Aber der ständige Kontakt zur Herkunftsfamilie ging dennoch einher mit dem Ziel oder auch nur dem Wunsch, das Kind gegebenenfalls wieder einzugliedern, wenn sich die Situation daheim verbesserte. So wichtig wir die Institution der Pflegefamilie auch fanden, so war es nicht das, was wir uns wünschten. Wie hätten wir ein Kind, das wir in unser Herz geschlossen hätten wie ein eigenes, plötzlich wieder fortgeben können?

Also entschieden wir uns für eine Inlands- oder Auslandsadoption.

Ein Anruf beim Stadtjugendamt fiel ernüchternd aus. Generell, so sagte man uns, sei gegen eine Inlandsadoption vonseiten eines homosexuellen Paars nichts einzuwenden. Ehrlicherweise aber gebe es im Schnitt zehn bis zwölf Paare pro Kind. Daher seien die Aussichten auf eine Adoption für uns verschwindend gering.

Die Botschaft war klar, wenn auch bitter. Wer würde aus einer Reihe von Elternpaaren, die allesamt sozial und finanziell gut aufgestellt waren, gerade uns auswählen? Es klang nach einer vorprogrammierten Enttäuschung. Wollten wir uns das wirklich antun? Für einen Moment drohten alle unsere Träume zu sterben.

»Überlegen Sie doch, ob eine Auslandsadoption für Sie infrage käme«, riet man uns. »Da sind die Chancen größer.«

Die Adoption unterliegt in Deutschland strengen Regeln. Sie erfolgt nur dann, wenn sie dem Wohl des Kindes dient und zu erwarten ist, dass ein gutes, tragfähiges Eltern-Kind-Verhältnis entsteht. »Anliegen eines Adoptionsverfahrens soll es sein, Eltern für ein adoptionsbedürftiges Kind zu finden und nicht umgekehrt Kinder für adoptionswillige Bewerber«, heißt es in den Hinweisen zur grenzüberschreitenden Adoption von Kindern, herausgegeben vom Bundesamt für Justiz Deutschland.[5]

Nicht alles, was Marc und ich an Material zusammentrugen, las sich so glatt. Für die Auslandsadoption gilt seit 2002 das »Haager Übereinkommen über den Schutz von Kindern und die Zusammenarbeit auf dem Gebiet der internationalen Adoption«. Damit soll sichergestellt werden, dass die leiblichen Eltern sich mit einer Adoption einverstanden erklärt haben und keine illegalen Zahlungen geflossen sind. Es war erschütternd zu lesen, dass die Nachfrage nach Kindern aus dem Ausland in einigen Fällen mit Menschenhandel einherging. Welche Abgründe taten sich da auf … Und was erwartete Kinder, die in die Fänge der Sklaverei gerieten?

Vielleicht war es dieses Wissen, das Marc und mir später beim Gang durch die Instanzen helfen würde, durchzuhalten. Jede Frage, die uns gestellt wurde, und war sie noch so intim, sollte Sicherheit für die Kinder schaffen. Und so ließen wir uns bereitwillig darauf ein. Aber noch war es nicht so weit.

Ebenfalls zum Schutz der Kinder, so erfuhren wir, musste jede Adoption über eine staatlich anerkannte Vermittlungsstelle laufen. Marc und ich fanden eine Liste mit Agenturen, die zur internationalen Adoptionsvermittlung befugt waren. Plötzlich wurde unser Vorhaben konkret.

Wir beschlossen, gleich am nächsten Morgen die Agenturen vor Ort zu kontaktieren. Unser Entschluss war längt gefasst. Wozu noch warten?

Wir hatten uns den Tag freigenommen. Punkt neun Uhr rief ich bei der ersten Agentur auf der Liste an und schilderte unseren Fall. Die Antwort fiel höflich, aber knapp aus: »Leider arbeiten wir mit keinem Herkunftsland zusammen, in dem Single-Männer akzeptiert werden.«

Das war der nächste Schlag. Was sollten wir tun? Heiraten durften wir nicht – die Homo-Ehe ist, während ich diese Zeilen schreibe, in Deutschland noch immer verboten. Eine eingetragene Lebenspartnerschaft erfüllt in Adoptionsangelegenheiten nicht dieselben Kriterien wie eine Ehe. Wir waren in eine Sackgasse geraten.

Ich klammerte mich an die Hoffnung, dass die anderen Agenturen liberaler, offener wären, und telefonierte unsere Liste ab. Mit jedem Anruf sank unsere Stimmung. Nein, an einen Single-Mann könne nicht vermittelt werden, geschweige denn an ein homosexuelles Paar. Nein, eine eingetragene Lebenspartnerschaft biete keinen Ersatz.

Wir waren kurz davor aufzugeben, als ein Agenturmitarbeiter den Satz fallen ließ: »Warum versuchen Sie es nicht beim Landesjugendamt? Dort ist neulich einem homosexuellen Paar ein Kind aus dem Ausland vermittelt worden.«

Ich bedankte mich, verhaspelte mich vor Aufregung und griff nach Marcs Hand.

Fieberhaft riefen wir die Seite des Landesjugendamts im Internet auf. Ein Blick auf die Uhr sagte uns, dass die Amtszeit für diesen Tag bereits verstrichen war. Wir mussten uns bis zum nächsten Morgen gedulden.

In den folgenden Stunden durchlebten wir ein Auf und Ab der Gefühle. Vielleicht erging es Heteropaaren ganz ähnlich, wenn sie hofften, endlich schwanger zu sein?

Es war ein sonderbares Gefühl, all unsere Hoffnungen auf eine Familie in den Anruf beim Landesjugendamt zu legen. Aber uns blieb keine Alternative.

Viel wird über die deutsche Bürokratie geschimpft. Umso erstaunter war ich, als ich die zuständige Beraterin am Apparat hatte. Sie erklärte uns, dass einer Adoption von ihrer Seite grundsätzlich nichts entgegenstehe. Allerdings würden wir, wie andere Paare auch, geprüft werden. Anschließend würde ein Sozialbericht erstellt werden. Das sogenannte Eignungsfeststellungsverfahren könne mehrere Monate dauern.

»Und das ist alles?«, fragte ich ungläubig.

»Sie müssen sich für ein Herkunftsland entscheiden, das auch an Single-Männer vermittelt«, sagte sie. »Warten Sie … das sind derzeit … Bulgarien und Südafrika.«

Südafrika!

Marc und ich sahen uns an. Genau das Land, zu dem wir solch einen starken Bezug hatten! Das Leben hielt unglaubliche Überraschungen parat, so viel stand fest.

»Kommen Sie am besten zu unserer Informationsveranstaltung, sie findet nächsten Donnerstag statt«, sagte sie. »Dort können Sie alle offenen Fragen klären und sich entscheiden, ob Sie sich für eine Auslandsadoption bewerben möchten.«

Und so waren wir in dem grauen Raum gelandet.

Als unsere Entscheidung feststand, ein Kind aus Südafrika zu adoptieren, war es an der Zeit, mit unserer Familie zu reden. Wir hatten es schon das ein oder andere Mal zur Sprache gebracht, dass wir uns mit der Idee trugen, ein Kind zu adoptieren. Unsere Eltern hatten es positiv aufgenommen, sie freuten sich sehr auf ein weiteres Enkelkind. Meine Schwester, die als Kinderkrankenschwester arbeitete, bot uns sofort ihre volle Unterstützung an.

Für Marc und mich war es unerheblich, ob ein Kind aus dem In- oder Ausland stammte und welche Hautfarbe es hatte. Im Gegenteil, die Waisen in Südafrika hatten unser Herz geöffnet, und wäre es nur nach dem Gefühl gegangen, dann hätte ich am liebsten alle bei uns aufgenommen. Ich rechnete nicht damit, dass meine Eltern etwas gegen ein dunkelhäutiges Enkelkind einzuwenden hatten, auch wenn es das einzige im ganzen Dorf wäre.

Einzig Marcs Mutter gab zu bedenken, dass ein dunkelhäutiges Kind es schwerer als ein weißes haben könnte. Wenn dann die Eltern auch noch homosexuell wären, würden wir ihm vielleicht zu viel aufbürden, meinte sie.

Tatsächlich war das Umfeld, in dem unser Kind – gleich, welcher Hautfarbe – aufwachsen würde, das einzige Problem, das wir sahen.

In jeder Gesellschaft, so offen und bunt sie sich auch gibt, muss mit Diskriminierung von Randgruppen gerechnet werden, mit Hass und Ausgrenzung. Es ging hier nicht um uns, wir hatten bereits in einigen wenigen feindseligen Momenten erfahren, dass wir damit fertigwurden. Doch uns war bewusst, dass unser Kind im Kindergarten und in der Schule womöglich gehänselt werden würde. Vielleicht würde man es ausgrenzen, in jedem Fall aber beäugen und im schlimmsten Fall mobben.

Als Antwort darauf durften wir uns nicht verleugnen. Es ging nicht darum, mit allen Mitteln der Norm zu entsprechen. Wir waren nicht bereit, die Zeit zurückzudrehen. Die Mehrheit der Menschen in diesem Land und in unserer Stadt war aufgeschlossen, zumindest tolerant, meist aber akzeptierend. Für den Rest, für die Schwulenhasser, die besorgten Bürger, wären wir als Eltern zuständig. Wir wollten unser Kind zu einem starken, selbstbewussten und empathischen Menschen heranwachsen lassen. Mit unserer Unterstützung, so sagten wir uns, würden Hänseleien und Spott an ihm abperlen, und es wäre gewappnet für das Leben, in dem nicht nur Schwule und Farbige mit Vorurteilen konfrontiert werden.

Aus dieser Überlegung heraus beschlossen wir, den nächsten Schritt zu tun. Nach unserer Bekanntgabe im grauen Raum reichten wir den Antrag ein, ein Kind aus dem Herkunftsland Südafrika zu adoptieren.

Seit nunmehr drei Jahren waren Marc und ich ein Paar. Nächstes Jahr wären wir vielleicht schon eine Familie, spätestens aber in zwei Jahren, sagten wir uns und feierten diesen Meilenstein unserer Beziehung ganz im Stillen und voller Zuversicht angesichts der kommenden Monate.

Der Weg durch die Instanzen

Im Herbst 2008 begann der lange bürokratische Weg durch die einzelnen Instanzen des Adoptionsverfahrens.

Da wir in Deutschland als homosexuelles Paar noch immer nicht gemeinsam adoptieren durften, hatten wir uns entschlossen, dass ich das Kind annehmen und mit dem Tag der Adoption in Elternzeit gehen würde. Im Hotelgewerbe war es eher möglich, eine Weile zu pausieren, und ein Wiedereinstieg sollte problemlos verlaufen. Marc hingegen war stark eingespannt in eine Vielzahl von langfristigen Projekten und hatte gerade eine Führungsposition übernommen. Dennoch war er in gleichem Maß an der Adoption beteiligt, denn er wünschte sich ebenso wie ich ein Kind. Und so nahmen wir alle unsere Termine gemeinsam wahr.

An unseren freien Abenden arbeiteten wir uns durch den Berg an Papieren, die für eine Bewerbung als Adoptiveltern benötigt wurden.

Neben einem formlosen Antrag, der persönliche Angaben zur Motivation für eine Auslandsadoption enthielt, wurden ärztliche, vom Gesundheitsamt beglaubigte Atteste verlangt. Außerdem polizeiliche Führungszeugnisse, Verdienst- und Vermögensbescheinigungen, Geburtsurkunden und eine Fotodokumentation von Marc und mir, unseren Familien und der Wohnung, in der das Kind mit uns leben würde. Das Ganze musste von beeideten Dolmetschern ins Englische übersetzt werden. Und das war erst der Anfang.

Das wichtigste Dokument war der sogenannte Sozialbericht, der vom Jugendamt erstellt wurde und darüber Auskunft geben würde, ob wir als Eltern geeignet waren. Als Vorbereitung für die persönlichen Gespräche im Amt erhielten Marc und ich erst mal einen Fragebogen, den wir ausfüllen sollten.

Es war ein ganzer Stapel an Papieren, über dem Marc und ich das Wochenende gebeugt saßen. Neben persönlichen Daten wurden wir nach besonderen Wünschen in Bezug auf das Alter und Geschlecht des Kindes gefragt. Marc und ich hatten das Gefühl, dass wir uns in einen Jungen leichter hineinfinden und ihn in seiner Entwicklung vermutlich besser unterstützen könnten, und so schrieben wir »Wenn möglich männlich« in die entsprechende Spalte.

Es war ein eigentümliches Gefühl, all dies auszufüllen, schließlich ging es doch nicht um Produkte und Extrawünsche, sondern vielmehr um ein Kind, das wir in unserer Mitte willkommen heißen wollten, gleich, wie es aussah, welche Hautfarbe es hatte und welches Geschlecht. Dennoch erschienen uns manche der Punkte durchaus sinnvoll, verlangten sie doch, dass wir uns tief in die Fragestellung hineinbegaben.

Schwierig war die Entscheidung, ob wir ein körperlich und/oder geistig behindertes Kind aufnehmen würden. Die halbe Nacht lang versuchten wir unsere Möglichkeiten auszuloten. Eine leichte Behinderung stellte für uns kein Problem dar, ebenso wenig eine Lernschwäche. Doch wenn unser Kind uns unter den Händen wegsterben würde, wenn wir es in eine Einrichtung geben müssten, weil Pflege und Förderung zu Hause irgendwann nicht mehr allein zu leisten wären …? Wir ermahnten uns, ganz ehrlich zu uns selbst zu sein, und wussten, hier mussten wir eine Grenze ziehen. Es ging nicht um eine Wertigkeit der Liebe, sondern um eine realistische Einschätzung unserer Möglichkeiten. Unwillkürlich musste ich an Paare denken, die während der Schwangerschaft erfuhren, dass ihr Kind schwerstbehindert war. In diesem Augenblick empfand ich eine große Dankbarkeit, dass unsere Nichten und Neffen gesund waren, und auch Schwere angesichts der großen Zahl an Kindern, die niemals die Chance bekamen, in der Geborgenheit einer Familie aufzuwachsen.

Marc holte mich zurück in die Gegenwart.

»Wie denkst du über mögliche familiäre Auffälligkeiten der Herkunftsfamilie, wie Straffälligkeit, Alkoholismus, Prostitution oder schwere Krankheiten?«, fragte er und deutete auf die entsprechende Stelle im Fragebogen.

Lange beratschlagten wir, redeten über mögliche Beeinträchtigungen und kamen dann übereinstimmend zu dem Schluss, dass wir bereit waren, das Erbe unseres Kindes mitzutragen. Wir machten uns nichts vor. Ein Kind, das zur Adoption freigegeben wurde oder Waise war, trug unter Umständen eine schwere Last mit sich. Sollte es denn weniger Chancen auf ein glückliches Leben haben, weil die Eltern unter eine der aufgelisteten Kategorien fielen? Nein, entschieden wir, das würden wir schaffen.

Am nächsten Tag machten wir weiter. »Die nächste Frage ist ganz einfach«, sagte ich zu Marc. »Warum wünschen Sie sich ein Adoptivkind?« Wir mussten nicht lange überlegen und schrieben in die Spalte:

Der Wunsch nach einem Kind war immer schon in uns vorhanden. Für uns ist eine Adoption eine schöne Möglichkeit, die Entwicklung eines »Wunders« mitzuerleben. Außerdem wollen wir Verantwortung tragen und Geborgenheit weitergeben für ein Kind ohne Zuhause.

Je weiter wir uns durch das Dokument arbeiteten, desto konkreter wurden die Fragen. Wie würde unser Leben sich verändern? Welche Einstellung hatten unsere Familien und der Bekanntenkreis zu einem Adoptivkind? Welchen Freizeitbeschäftigungen gingen wir nach? Welche Erfahrung hatten wir im Umgang mit Kindern? Wie sah es aus mit unseren Erziehungsvorstellungen und Leitbildern? Irgendwann rauchte uns der Kopf, und wir beschlossen, dass es Zeit für eine Pause wurde. Ich machte uns einen Espresso. Wir überlegten, ob wir eine Runde spazieren gehen und unterwegs etwas essen gehen sollten. Doch die Thematik ließ uns nicht los.

»Hier, lies mal!«, forderte ich Marc auf und deutete auf eine Frage, die mir aus den Zeilen entgegensprang.

Er blickte mir über die Schulter. »Wie sind Ihre Vorstellungen über die spätere Schul- und Berufsausbildung Ihres Adoptivkindes?«

Wir sahen uns ungläubig an und mussten dann lachen. Ob es tatsächlich Eltern gab, die jetzt schon an das Gymnasium und die Doktorwürde dachten?

»Das kommt doch voll und ganz auf das Kind an«, sagte ich.

»Natürlich«, meinte Marc. »Wir werden seine Stärken fördern. Und wenn es Schwächen hat, die wir nicht fördern können, dann müssen wir sie akzeptieren.«

Ich nickte. »Genau so schreibe ich das rein.«

Eine liberale Erziehung hieß nach unserer Definition, selbst offen zu bleiben und wahrzunehmen, was unser Kind brauchte. Wir wollten es niemals in ein Raster aus Vorstellungen zwängen, so wie ich es mit mir selbst getan hatte.

Später am Abend reisten wir gedanklich zurück nach Südafrika. Als Eltern eines aus dem Ausland stammenden Kindes erwartete man von uns, seine Herkunft zu würdigen und in das gemeinsame Leben mit einzubeziehen. Es war ein Glück, dass wir uns dem Land so verbunden fühlten, das machte die Aufgabe viel einfacher. Wir würden unserem Kind Geschichten aus seiner Heimat erzählen, mit ihm Lieder singen und eines Tages mit ihm ans Kap reisen. Es sollte Wurzeln bekommen und Flügel.

Vielleicht stellten wir uns alles zu einfach vor. Aber was immer auf uns zukam, eins war klar: Wir waren bereit, die Verantwortung für ein Kind zu übernehmen, ein Leben lang. Was immer das hieß.

Nachdem wir alle Fragen beantwortet hatten, steckten wir die Unterlagen in einen Umschlag und adressierten ihn an das Jugendamt.

Alles in allem bildete der Fragebogen die Basis für den Sozialbericht. Wichtiger als unsere wohlformulierten Antworten waren die Gespräche, die wir mit den Beauftragten des Jugendamts führen würden. Der Bericht würde den zuständigen Stellen in Südafrika bei der Entscheidung helfen, für welches Kind wir die idealen Eltern wären.

Kaum hatten wir den Fragebogen für Adoptionsbewerber zurückgeschickt, bekamen wir auch schon den nächsten Stapel zugesandt, und zwar die »Informationen und Fragen zur Aufnahme eines ausländischen Kindes«. Ein großer Teil der insgesamt zweiunddreißig Fragen widmete sich dem Herkunftsland des Kindes und den belastenden Erfahrungen, die es bereits gemacht hatte. Wieder tauchten wir ein in die Probleme des Landes, das einst die Wiege der Menschheit gewesen war und im Lauf der Geschichte so schwer gebeutelt wurde.

Uns war klar, dass ein belastetes Kind mehr Zeit beanspruchen würde. Wenn alles glatt läuft, fällt es leicht zu lieben. Doch wenn der Weg anstrengend wird und rau, dann zeigt es sich, wie tief die Liebe wirklich geht. Marc und ich waren durch die schwierige Zeit, in der wir uns kennengelernt und zusammengehalten hatten, so fest aneinandergeschmiedet, dass wir Probleme nicht scheuten. Wir würden tragen, was es an Lasten zu tragen gab, und bestärkten uns darin, dass wir genug Verständnis, Geduld und Liebe für unser Kind aufbringen würden.

»Was meinst du, was sollen wir hier antworten?«, fragte Marc. »Wo sehen Sie die Grenzen der Belastbarkeit?‹«

»Ich würde sagen, Erziehung ist ein Reifeprozess. Jeder Tag wird uns neu herausfordern.«

Marc nickte. »Und wenn wir an unsere Grenzen stoßen?«

»Dann werden wir die Situation gemeinsam mit unseren Familien meistern«, sagte ich.

Marc sah mich von der Seite her an.

»Mal ehrlich«, meinte ich. »Wir können uns nicht wirklich vorstellen, was auf uns zukommt. Wenn unser Kind traumatisiert ist, dann werden wir eben professionelle Hilfe in Anspruch nehmen müssen. Wichtig ist, dass wir wach bleiben, spüren, was in ihm vorgeht. Und dann alles tun, damit die Wunden heilen.«

»Das werden wir«, meinte Marc und legte mir einen Arm um die Schultern.

Eine letzte Frage wartete noch auf uns: »Welche Vorbehalte könnten dem Kind und Ihnen entgegengebracht werden?«

Uns fiel nur eine mögliche Antwort darauf ein:

Dass bei der Erziehung eine Frau fehlt.

Ob das Jugendamt es ähnlich sehen würde?

ᏩᎧ ᏩᎧ ᏩᎧ

Im Herbst 2008 wurden wir an einem Nachmittag zu einem ersten Gespräch mit der zuständigen Beraterin vorgeladen.

Wir waren beide extrem nervös. Was zog man da an? Wie gab man sich dort? Formell oder eher leger? Wir kamen beide direkt aus dem Büro und trugen Anzüge. Zum Umkleiden blieb uns keine Zeit. Bevor wir aus dem Lift stiegen, legten wir die Krawatten ab, um etwas lockerer zu wirken. Dann gingen wir einen langen Flur entlang, bis zu der Tür, hinter der sich unser weiteres Schicksal entscheiden würde. Rechts neben der Tür befand sich ein Namensschild, daran hing eine kleine Stoffente.

Auf unser Klopfen hin öffnete Frau Pacher und begrüßte uns mit sympathischem Lächeln und kräftigem Händedruck. Sie war ein wenig kleiner als ich, Mitte vierzig und trug einen leuchtend orangefarbenen Fleecepulli. Mein Blick wanderte an ihr vorbei durch das Büro, einen weiteren grauen Raum. Die Möbel wirkten etwas abgenutzt, aber es gab liebevolle Details für Kinder, einen Spieltisch, auf dem eine Rassel lag, eine Kiste mit Stofftieren und Bauklötzen. Die Wand über dem Schreibtisch verriet, worum es in diesem Raum ging: Sie war voll mit Fotos von Kindern, die uns anstrahlten.

»Setzen Sie sich doch!«, bat Frau Pacher und deutete auf einen runden Tisch mit einer Teekanne und großen Tassen in verschiedenen Farben. Ein Amt wie jedes andere und doch so entscheidend für das Leben vieler Kinder und Paare.

Marc und ich nahmen Platz. Wir waren noch immer schrecklich nervös. Unbewusst versuchten wir auszuloten, was die Bürokratie uns an Möglichkeiten bot und wie wir die Lücken füllen konnten, die zwischen dem geltenden Recht und der Sehnsucht nach einem Kind lagen. Würde es uns gelingen, mit dem, was wir zu geben hatten, eine Brücke zu schlagen?

»Ich freue mich, dass Sie gekommen sind«, begann Frau Pacher, noch immer lächelnd. »Ich kann Ihnen gleich sagen, dass Sie das erste homosexuelle Paar sind, das ich bei einer Adoption begleiten werde. Ich finde es spannend und bin dem Ganzen gegenüber offen eingestellt.«

Diese Worte brachen das Eis. Marc und ich atmeten auf, endlich legte sich unsere Anspannung ein wenig. Die Atmosphäre in dem nüchternen Raum wurde wärmer.

In unserem Erstgespräch drehte sich alles um die Organisation der kommenden Monate. In sieben bis neun Treffen würden wir uns der Thematik der Fragebogen widmen und im Gespräch tiefer einsteigen.

»Wir werden uns Ihre Lebenssituation genau ansehen. Dann werde ich mir ein Bild Ihrer Persönlichkeit machen. Ich muss Ihr Einfühlungsvermögen, Ihre Bindungsfähigkeit, die Belastbarkeit und Ihre Kompetenzen einschätzen können.«

Sie zählte noch weitere Punkte auf, und ich versuchte, alles mitzuschreiben, bis sie mir ein Informationsblatt über den Tisch schob. »Hier steht alles drauf. Allerdings geht es mir nicht darum, dass Sie auf jede Frage schon Antworten parat haben. Wir werden uns im Gespräch ganz ausführlich mit den einzelnen Punkten befassen und die eine oder andere Antwort gemeinsam erarbeiten.«

Auf mich wirkte sie sehr sachlich in dieser hochemotionalen Angelegenheit. Hoffentlich, so dachte ich, werde ich mich gut mit ihr verstehen. Ich hatte Schwierigkeiten, Marcs und meinen Herzenswunsch so rational anzugehen.

Ich warf einen Blick zu Marc hinüber. Er wirkte viel gelöster als ich. Frau Pacher und er verstanden sich auf Anhieb und kommunizierten offenbar auf einer gemeinsamen Ebene.

Die beiden arbeiteten die Checkliste ab, während meine Gefühle Achterbahn fuhren. Ich war auch deshalb so aufgewühlt, weil ich mich enorm unter Druck setzte und unbedingt funktionieren wollte. Ich war der Adoptierende, auf meine Gewandtheit, meine Sprachfertigkeit kam es an. Aber Nervosität und Druck, den man sich selbst macht, sind schlechte Voraussetzungen. Ich ertappte mich dabei, wie ich auf den orangefarbenen Pulli starrte, und riss mich zusammen. Sieben bis neun Treffen, eins bei uns zu Hause. Sollte dann noch keine Entscheidung gefällt werden können, gäbe eine Sitzung mit einem Psychologen Aufschluss darüber, ob wir geeignete Eltern wären. So war das Verfahren.

Bei diesem ersten Termin gab uns Frau Pacher die Telefonnummer eines anderen homosexuellen Paars, das ein Kind aus Südafrika adoptiert hatte. Die Eltern hatten sich ausdrücklich bereit erklärt, für alle erdenklichen Fragen zur Verfügung zu stehen.

Marc und ich waren nach unserem Termin im Jugendamt erst einmal erschöpft. Unsere Gedanken kreisten. Hatten wir uns gut präsentiert? Was hätten wir anders, besser machen können?

»Wir müssen einfach wir selbst sein«, sagte ich. Es hatte keinen Sinn, eine Rolle zu spielen und ständig Kompetenz zu demonstrieren. Wir konnten nicht perfekt sein, wir waren Menschen, und wir würden an unserer Aufgabe als Eltern wachsen.

»Mach dir keinen Kopf!«, sagte Marc. »Du wirst ein toller Vater, das weiß ich. Und das wird auch Frau Pacher so sehen, wenn sie uns erst mal richtig kennenlernt.«

Wir verschoben den Anruf bei dem schwulen Elternpaar auf den nächsten Abend und dann nochmals um einen Tag. Ich hatte ein wenig Sorge, mit einem Haufen von Problemen konfrontiert zu werden, die wir mit unserem unerschütterlichen

Optimismus gar nicht sahen. Zugleich war ich voller Fragen. Wie war es, sein Kind aus Südafrika abzuholen? Wie lange sollte man vor Ort bleiben, um eine erste Bindung zu dem Kind aufzubauen? Wie war der lange Flug mit einem Säugling? Die ersten Tage daheim, wie liefen die ab?

Als Marc mir eine Nachricht schickte, dass er an diesem Abend länger im Büro bleiben müsse, konnte ich nicht länger warten. Ich versprach ihm, später alles haargenau zu berichten. Dann ging ich ins Schlafzimmer, schloss die Tür hinter mir und atmete tief durch. Gab die Nummer ein.

»Sven Brahms.«

»Hier spricht Tobias Rebisch, das Jugendamt hat mir Ihre Nummer gegeben. Wegen der Adoption. Wir würden auch gern den Weg gehen …«

Sven Brahms am anderen Ende der Leitung sprudelte los. Er hatte eine warme, sympathische Stimme und redete ohne Punkt und Komma eine halbe Stunde lang. Ich sog alles in mich auf.

Sven und Julian, sein Mann, hatten in Südafrika eine Ferienwohnung gemietet, um das Kind in einer möglichst häuslichen Umgebung kennenzulernen. Der kleine Elhis war zu diesem Zeitpunkt zehn Monate alt. Sven erzählte, wie er mit Julian am Fenster stand und von Weitem eine Frau näher kommen sah, die ihnen ihr Kind brachte. Die Härchen auf meinen Armen richteten sich auf. Es war der gleiche Moment, auf den Marc und ich seit über einem Jahr hin fieberten.

»Wir sind zwei Wochen dort geblieben, wegen des Gerichtstermins, bei dem einem das Kind zugesprochen wird. Dann bekam Elhis einen vorläufigen Pass, und wir durften ihn mit nach Deutschland nehmen.«

Aus Svens Worten sprach große Dankbarkeit. Er schien so

stolz auf seinen Sohn zu sein. Spontan lud er uns zu Kaffee und Kuchen ein, und ich sagte sofort zu.

Als ich auflegte, atmete ich tief durch. Alles lief gut, das Kind hatte sich schnell eingelebt und schien quicklebendig. Marc und ich würden das auch schaffen.

Schon bei unserem ersten Treffen freundeten wir uns an und verbrachten in den folgenden Monaten viel Zeit zu fünft. Es war schön zu sehen, wie Sven und Julian ihren Alltag als Familie gestalteten und wie Elhis sich mit Riesenschritten entwickelte. Mit genug Liebe ist es eigentlich doch ganz einfach, ein Kind glücklich zu machen.

Im Freundeskreis hörten wir durchaus auch kritische Stimmen, die dazu gedacht waren, uns auf den Boden zu holen. Nicht alle sprachen offen mit uns, manche jedoch schon. Trauten wir uns das wirklich zu, ein fremdes Kind aufzunehmen? War uns bewusst, dass ein Kind unser Leben auf immer verändern würde? Dass es sein Leben lang unser Kind bleiben würde, mit aller Verantwortung? Was, wenn es ernsthaft krank würde? Wenn die Vorbelastungen sich negativ auswirkten?

Die Fragen waren gut gemeint, das wussten wir und nahmen sie als Anregung, um uns noch intensiver mit unserem Kinderwunsch auseinanderzusetzen. Doch wir sahen ein Kind nicht als Bürde, sondern als immense Bereicherung unseres Lebens. Selbst Eltern, die sich bewusst für ein Kind entscheiden, können nicht absehen, was auf sie zukommt. Auch wenn die Erziehung das Kind prägt, so bringt es doch seine eigene Persönlichkeit mit, die sich durchaus an der seiner Eltern reiben kann – ob es nun ein leibliches oder ein adoptiertes Kind ist. Ich musste nur an meine eigene Pubertät denken. Auch ich hatte mich von der Familie entfernen müssen, um meine eigene Persönlichkeit zu finden, doch die Beziehung zu meinen

Eltern war eine Basis, zu der ich immer zurückkehren konnte. Ich wünschte mir, dass Marc und mir das ebenso gelingen würde. Natürlich bedeutete das Arbeit und Auseinandersetzung, Herausforderung. Wir würden Momente erleben, in denen wir überfordert wären, würden Fehler machen. Doch wenn wir Risse in der Beziehung zu unserem Kind wahrnehmen würden, dann würden wir uns gegenseitig daran erinnern, uns damit auseinanderzusetzen. Wir würden einen Weg suchen, um reflektiert und heilsam damit umzugehen. Das ist es doch, was alle Eltern tun sollten, oder nicht?

Die folgenden Monate standen ganz unter dem Eindruck unserer Termine beim Jugendamt. Während der vielen Sitzungen hatten wir kein einziges Mal das Gefühl, als Homosexuelle anders behandelt zu werden, und das tat gut.

Es war jedoch seltsam, sich einem fremden Menschen gegenüber so schrankenlos zu öffnen. Es ging ja nicht nur um unsere Vorstellungen von Erziehung, sondern vielmehr um unsere Beziehung zueinander, um die eigene Kindheit, das Verhältnis zu unseren Eltern. Kein einziges Thema unseres Lebens blieb unberührt.

Frau Pacher war offen, das machte es leichter.

Doch immer dann, wenn ein Termin vorbei war und wir die Tür des Büros hinter uns schlossen, begann ich fast zwanghaft zu analysieren, was ich preisgegeben hatte, wie es auf Frau Pacher gewirkt haben mochte und was ich besser hätte machen sollen. Ich hatte Angst, auch nur ein falsches Wort gesagt und damit unseren Traum zerstört zu haben. Es fühlte sich an wie eine Gratwanderung, bei der ein einziger Schritt den Absturz bedeuten konnte.

All die Fragen, wie wir uns die Erziehung unseres Kindes vorstellten, fand ich schwierig zu beantworten. Ich erzählte von meinen Eltern, wie sie meine Schwester und mich erzogen hatten, und Marc tat es mir gleich. Wir hatten nach wie vor einen regen Kontakt zu unseren Familien, das sprach für sich. Es zeigte, dass unsere Eltern etwas Grundlegendes richtig gemacht hatten.

Behütend, liberal, gewaltfrei, offen, reflektiert und auf das Kind bezogen – so stellten Marc und ich uns unsere Erziehungsaufgabe vor. Wir bemühten uns, Frau Pacher möglichst viele Informationen über uns an die Hand zu geben, damit sie leichter zu einem Ergebnis für den Sozialbericht gelangte. Letztlich empfanden wir die zahllosen Fragen durchaus nicht als negativ, im Gegenteil.

»Es wäre doch eigentlich zu wünschen, dass jeder, der ein Kind möchte, sich diesem Bewusstwerdungsprozess unterzieht«, sagte ich eines Tages, und Marc und Frau Pacher stimmten mir zu.

Dann stand der Hausbesuch an. Am Wochenende starteten Marc und ich einen Großputz.

»Hoffentlich regnet es heute Nacht nicht«, sagte ich, als ich bei den Wohnzimmerfenstern angelangt war. Inzwischen war Sonntag, Frau Pacher wollte gleich am nächsten Morgen vorbeischauen. »Was meinst du, was sie sich ansehen will?«

»Bestimmt nicht die Fensterrahmen von außen«, erwiderte Marc mit Blick auf den Lappen in meiner Hand. Meine Finger waren eisig, sie würden noch am Metall festfrieren, wenn ich so weitermachte. »Komm rein, das Fenster ist sauber«, fuhr Marc fort. »Es wird viel zu kalt.«

Erleichtert schloss ich das Fenster, begutachtete ein letztes Mal die Scheibe und putzte dann die Spiegel. Schmutzig war es bei uns nicht, aber wir wollten unbedingt den bestmöglichen Eindruck machen.

»Meinst du, sie inspiziert auch die Schränke?«, überlegte Marc.

»Keine Ahnung. Besser, du räumst sie aus, wischst sie aus und sortierst alles neu«, schlug ich vor und erntete ein Brummeln als Antwort.

Zwei Stunden später war in unserer Wohnung kein Stäubchen mehr zu sehen.

»Lass uns noch mal rumgehen«, schlug ich vor. Was wir dann auch taten.

»Passt alles, oder?«, meinte ich schließlich. Doch dann schlug ich mir mit der Hand gegen die Stirn. »Nichts passt! Sieh doch mal richtig hin!«

Marc schaute sich um, doch er begriff nicht, warum ich plötzlich so rotierte.

»Da, der Glastisch mit den harten Kanten! Da stößt sich unser Kind den Kopf, wenn es hinfällt.«

Marc wurde schlagartig ernst.

»Die silbernen Bilderahmen auf der Kommode. Wenn es die runterwirft, geht das Glas kaputt, dann kann es sich schneiden.«

»Und die Steckdosen!«, stöhnte ich. »Hier ist nichts, aber auch gar nichts kindersicher.«

Völlig fertig ließ ich mich aufs Sofa fallen. Eine Weile verharrten wir so, dann gab Marc zu bedenken: »Meinst du wirklich, die erwarten von uns, dass wir überall Kindersicherungen angebracht haben, bevor der Sozialbericht überhaupt fertig ist?«

Das war ein Argument.

»Du hast recht. Ich hab wohl mal wieder überreagiert.«

»Ich doch auch«, gab Marc zu. »Es ist einfach zu viel Druck.«

Wir beschlossen, Frau Pacher zu erzählen, was wir verändern würden, sobald wir ein Kind bekämen. Dann lüftete ich durch, damit es nicht so streng nach Putzmitteln roch, und wir gingen schlafen.

Am nächsten Morgen stand Marc um sieben in der Küche und backte Muffins. Ich gesellte mich zu ihm, presste Orangen aus und deckte den Tisch. Wir wollten Frau Pacher mit einem kleinen Frühstück überraschen.

Punkt acht Uhr dreißig klingelte es. Frau Pacher war extra mit dem Fahrrad gekommen, um sich ein Bild von der Gegend zu machen.

»Wir haben einen Garten, dort schließt sich ein kleiner Park mit einem Spielplatz an«, sagte ich und führte sie zum frisch geputzten Wohnzimmerfenster. Als Nächstes zeigten wir ihr das Gästezimmer, das einmal das Kinderzimmer werden sollte. Sie sah sich in jedem Raum um und setzte sich anschließend zu uns an den Frühstückstisch. Eine gute Stunde lang redeten wir über das Viertel, die Kinder in den umliegenden Häusern und die Möglichkeiten, die sich einer Familie hier boten. Endlich legte sich der Druck, der auf uns gelastet hatte. Alles in allem hatten wir es mit dem Wohnungskauf gut getroffen. Obwohl wir damals noch nicht an ein Kind gedacht hatten, war es die perfekte Familienwohnung, auch in den Augen des Jugendamts. Gemeinsam überlegten wir, was wir umgestalten würden. Dann verabschiedete sich Frau Pacher, und wir gingen arbeiten. So war auch diese Hürde genommen.

Als sieben Termine und der Hausbesuch hinter uns lagen, waren wir neugierig, ob wir noch zum Psychologen mussten. Doch Frau Pacher winkte ab. Sie hatte sich bereits ein Urteil über uns gebildet – auch wenn sie uns vorab nicht verriet, wie es ausgefallen war.

Als wir vier Wochen später – eindreiviertel Jahre nach unserem ersten Termin – wieder an dem runden Tisch saßen, waren wir gespannt, was sie im Sozialbericht über uns geschrieben hatte. Doch anders als beim ersten Gespräch waren wir nicht nervös, nicht in dem Maße. Wir hatten ein gutes Gefühl, hatten alles gegeben. Wenn das nicht genug war, dann mussten wir uns damit abfinden und unser Leben neu ausrichten, so schwer es uns auch fallen würde. Zumindest hätten wir alles versucht, um unseren größten Wunsch Wirklichkeit werden zu lassen.

Während Frau Pacher vorlas, waren wir zunehmend verblüfft, dass eine völlig fremde Frau uns anhand weniger Gespräche so umfassend zu beschreiben wusste. Dem Gesetz nach war der Sozialbericht den verschiedenen Adoptionsstellen vorbehalten und durfte nicht herausgegeben werden. Doch Frau Pacher gab uns einen Überblick. Sie sprach von der Wertschätzung, die Marc und ich einander schenkten, von unseren Vorstellungen und Kompetenzen. Das Fazit lautete: Sie konnte sich uns zu hundert Prozent als Eltern vorstellen und hatte nicht den geringsten Vorbehalt. Nur in einem Punkt hatte sie eine Änderung eingebracht: Ein Mädchen, so ihre Meinung, hätte es bei uns ebenso gut wie ein Junge.

Marc und ich strahlten uns an. Ich fühlte mich regelrecht befreit. Der Sozialbericht war die behördliche Bestätigung, dass man uns als Väter empfahl und unser Adoptionsverfahren bewilligte. Einer Adoption stand somit nichts mehr im Weg!

»Wie lange wird es wohl noch dauern?«, fragte ich, noch ganz überwältigt.

»Das kann ganz schnell gehen. Sobald Ihr Bericht von einem beeideten Dolmetscher übersetzt wurde und in Südafrika eintrifft, zwischen drei Monaten und maximal drei Jahren.«

»Vielleicht geht es ja wirklich schnell, so wie bei Familie Brahms.«

Sie lächelte. »Wer weiß.«

Im freien Fall

An diesem Abend gingen Marc und ich zu »unserem Franzosen«, einem kleinen Restaurant nicht weit von unserer Wohnung entfernt. Hier aßen wir, wenn es etwas ganz Besonderes zu feiern gab.

Die positive Einschätzung des Jugendamts war ein Meilenstein in unser beider Leben. Wir wussten, es lagen Monate des Wartens vor uns, doch die Unsicherheit, die während der Elterneignungsprüfung auf uns gelastet hatte, fiel jetzt, endlich, von uns ab.

Ich sah Marc über den Tisch hinweg an. Das gedämpfte Licht, das sanfte Klirren der Gläser und der Duft des Essens trugen mich davon in die Zukunft, und ich stellte mir uns beide als Väter vor. Ein Kind, so sagt man, ist die Krönung einer Beziehung. Doch wenn man eigentlich gar kein solches Geschenk im Leben erwarten kann und es dann trotzdem Realität zu werden verspricht, findet man kaum Worte vor Dankbarkeit.

Später, als wir zu Hause auf dem Sofa saßen und den Tag Revue passieren ließen, sagte ich zu Marc: »Weißt du, was das bedeutet ... Wenn es bei Sven und Julian nur drei Monate gedauert hat, dann könnten wir Weihnachten schon zu dritt sein!«

Marc legte den Arm um mich. »Das wird ein ganz besonderes Fest dieses Jahr.« Ich dachte schon, er wolle mich wieder einmal aufziehen wegen meiner exzessiven Lust, die Wohnung Monate im Voraus zu dekorieren und eine festliche Atmosphäre zu schaffen. Aber an diesem Abend war auch ihm zum Träumen zumute. Wir malten uns aus, wie wir im Kreis der Familie feiern würden, zusammen mit allen Nichten und Neffen. Ich wünschte mir so sehnlich, dass meine Großeltern unser Kind noch erleben konnten.

Und während wir dasaßen und ich mich an Marcs Seite schmiegte, ähnelten wir, da bin ich ganz sicher, ungezählten heterosexuellen Paaren, die sich ein Kind wünschen und kaum erwarten können, dass es so weit ist.

Am nächsten Tag gaben wir unseren Familien Bescheid. Alle freuten sich mit uns und waren schon aufgeregt, wann es denn so weit wäre. Wenige Tage später erreichte uns ein Päckchen von Marcs Großmutter. In dem Karton lag ein selbst genähtes, blau-weiß kariertes Kissen in Kronenform. In die Mitte hatte sie das Wort »Prinz« eingestickt. Wir legten das Kissen zu uns ins Bett.

Am liebsten wäre ich am nächsten Tag shoppen gegangen und hätte ein paar schicke Strampler gekauft. Irgendwie aber hatte ich Angst, das Glück herauszufordern, und Marc war der gleichen Meinung. Ohne es zu wissen, glichen wir auch hier werdenden Eltern, die Sorge haben, dass etwas Unvorhergesehenes passieren und ihr Glück zunichtemachen könnte.

Acht Tage später – im Juni 2009 – trafen unsere Unterlagen in Südafrika ein. Von diesem Zeitpunkt an befand ich mich in Habachtstellung. Das Handy wurde mein ständiger Begleiter. Ich stellte einen Trommelklang als Ton für das Jugendamt ein, für den einen Anruf, der unser Leben verändern würde.

Marc und ich liefen auf Hochtouren. Unser Lebensradius

verengte sich, ohne dass wir es bewusst spürten, zumindest am Anfang nicht. Reisen beschränkten wir aufs Wochenende, Fernziele waren völlig tabu. Aber was machte das schon?

Tatsächlich war alles zeitlich extrem knapp bemessen. Sobald wir einen Kindervorschlag erhielten, hätten wir vierundzwanzig Stunden Zeit, um eine Entscheidung zu treffen. Binnen vierzehn Tagen müssten wir nach Südafrika fliegen, um das Kind in die Arme zu schließen und dann nach Hause zu bringen. Vierzehn Tage, um die Flüge zu buchen, meine Arbeitssituation zu regeln und unserem Kind ein Nest zu bauen. Viel war das nicht.

Wer sich für eine Auslandsadoption entscheidet, muss wissen, dass generell versucht wird, die Kinder zuerst im Inland zu vermitteln. Ist nach Ablauf von sechs Monaten keine erfolgreiche Vermittlung zustande gekommen, wird das Kind zur Auslandsadoption freigegeben. Somit war klar, dass wir kein Neugeborenes bei uns aufnehmen würden, sondern ein mindestens sechs Monate altes Kleinkind. Wir wussten, dass es in Südafrika viele adoptionswillige Paare gab, dunkelhäutige Kinder aber nur selten vermittelt wurden. Das steigerte wiederum unsere Chancen.

Meinem Arbeitgeber hatte ich angekündigt, dass wir ein Kind adoptieren würden. Adoptionen haben ihre eigene Dynamik, ein Datum lässt sich nicht voraussagen. Mir war klar, dass ich ein hohes Maß an Flexibilität und Kulanz verlangte, und konnte im Gegenzug nur allabendlich alles so hinterlassen, dass eine glatte Übergabe meiner Projekte gewährleistet wäre.

Allerdings galt es, Prioritäten zu setzen, und die lagen für uns eindeutig bei unserem Kind. Uns war klar, dass wir bei einem Anruf alles stehen und liegen lassen und in den nächsten Flieger steigen würden. Notfalls würde Marc am Laptop weiterarbeiten, und ich könnte meinen Nachfolger über E-Mail, Internet und das Telefon einweisen.

Schon morgen konnte es so weit sein!

Es war eine ungeheure Spannung, unter der wir standen. Ein ums andere Mal überlegten wir, ob wir das Kinderzimmer einrichten sollten, aber eine vage Angst hielt uns davon ab. Ich wusste, dass ich auf meine Schwester zählen konnte. Sobald es so weit war, würde sie uns unter die Arme greifen und mit ihr die ganze Familie. Dennoch, es war ein ungeheurer Druck.

Freitagnachmittag bis Montagmorgen waren die Stunden, in denen wir keinen Anruf erwarten konnten. Anfangs fieberte ich dem Montag entgegen. Später, als das Warten unerträglich lang wurde, stürzte ich an den Wochenenden in ein tiefes Loch. Doch ich greife vor.

Der Sommer ging in den Herbst über, ohne dass ein Anruf kam. Dann wurde es November. Ein Sturm wehte die verbliebenen Blätter von den Bäumen. Wenn ich morgens aus der Wohnung trat, raschelte das Laub unter meinen Schritten. Mit einem Ohr hing ich immer am Handy und hatte Sorge, den Anruf, der alles bedeutete, am Ende noch zu verpassen. Saß ich in langen Meetings und musste mein Telefon stumm schalten, wurde ich nervös. Ich wartete und wartete. Doch vergebens.

Eines Abends sagte ich zu Marc: »Ich versteh das nicht! Warum rufen die uns nicht an? Es gibt Tausende Kinder ohne Eltern. Warum denn keins für uns?«

Es war eine rhetorische Frage, auf die Marc keine Antwort wusste. Vielleicht sehnte ich mich einfach nur nach Trost. Nach Trost und der Gewissheit, dass ganz bald alles gut werden würde.

Auch bei Marc hinterließ das Warten Spuren. Zwei Tage zog er sich in sich selbst zurück, dann platzte es aus ihm heraus. »Was können wir denn noch alles tun?«

Ich spürte, dass er sich über Tage hinweg den Kopf zermartert hatte. Das Warten machte uns so hilflos, wir waren den Instanzen ausgeliefert.

Als der Dezember anbrach und ich Tannenzweige über dem Türrahmen zum Wohnzimmer drapierte, wurde mir klar, dass es kein Weihnachten mit Kind geben würde. Ich blickte auf die nackten Zweige und fühlte eine heftige Enttäuschung in mir aufsteigen. Nach einer Weile machte ich weiter, schmückte die Wohnung, und während der Geruch nach Harz und Tannennadeln sich ausbreitete, packte mich zum allerersten Mal die Angst, alles könnte nur ein Wunschtraum sein.

Marc versuchte mich zu trösten, als er am Abend nach Hause kam. »Sie haben gesagt, es kann bis zu drei Jahre dauern. Wir müssen Geduld haben.«

Es tat weh, dieses Weihnachtsfest. Während die Familie uns besuchte und die Kinder unserer Geschwister durch die Wohnung tollten, dachten wir an die Kinder in der Township, die sich auf der Suche nach Zuwendung an uns gedrängt hatten. Sie wollten auch etwas Besonderes für einen anderen Menschen sein, so wie wir alle. Und hier waren wir, allein, und warteten. Weihnachten war ein Fest der Kinder. Es war so absurd, dass ich mich zwingen musste, eine fröhliche Miene aufzusetzen und weiterzufeiern.

Marc sandte mir während der ganzen Zeit Signale der Sicherheit. Finanziell waren wir gut gestellt, zumal wir beide Vollzeit arbeiteten. Ich wusste, er würde für uns sorgen, sobald unser Kind da wäre. Das einzige Problem war das Warten, das Ausharren in diesem verengten Leben, das zunehmend bedrückend wurde.

Schon zu Beginn unserer Freundschaft hatten wir uns immer wieder Briefe geschrieben oder kleine Notizen hinterlassen. Je enger unsere Beziehung geworden war, desto wichtiger waren uns diese Zeichen der Wertschätzung geworden.

In jenen Tagen schrieb ich Marc:

In letzter Zeit sind wir beide sehr angespannt, aber ich denke, bei solch einem großen Lebensabschnitt gehört das dazu. Deshalb müssen wir uns gegenseitig noch mehr Kraft geben und noch mehr auf den anderen eingehen.

Und das taten wir auch.

Bald wurde es Frühjahr, dann Sommer. Die Tage zogen sich quälend dahin. Als der Jahrestag unseres Adoptionsantrags sich näherte, spürte ich Verzweiflung in mir. Angesichts des Glücks, das uns im Jahr zuvor erfüllt hatte, befanden wir uns längst im freien Fall. Die Höhe, von der wir hinabstürzten, war immens, und entsprechend schmerzte es.

Tausend Gründe hatten wir gefunden, warum kein Anruf kam. Es gab schließlich noch unzählige andere Paare, die einen Antrag auf eine Auslandsadoption gestellt hatten, nicht nur beim Jugendamt, sondern auch bei den Agenturen, für die wir nicht infrage kamen. Wir waren einfach zu ungeduldig. Eines von maximal drei Jahren war vergangen. Wir mussten eben warten, die Zeit arbeitete schließlich für uns.

Noch immer planten wir keine größere Reise. Was, wenn wir im rechten Moment nicht erreichbar wären? Das würden wir uns ewig vorwerfen. Außerdem waren wir eine Abmachung eingegangen, die wir einhalten wollten.

Als es wieder Winter wurde, hatte das Warten mich restlos zermürbt. Einige unserer Heterofreunde bekamen ihr erstes Kind. Marc war zum dritten Mal Onkel geworden. Meine Schwester und mein Schwager bekamen einen Tag vor Weihnachten ihren zweiten Sohn.

Nach den Feiertagen, als Marc und ich allein waren, schrieb ich ihm eine Notiz.

Dieses Weihnachten gab es keine Karte – Du weißt, warum ... Es tut so weh zu warten. Ich weiß nicht, ob ich noch solch ein Weihnachtsfest aushalte ...

Hatten wir uns zu Beginn noch vertrösten können, trat bald eine Gereiztheit in unser Leben ein. Wir rieben uns an der Situation auf, unsere Nerven lagen blank.

»Rufen die überhaupt jemals an?«, warf ich Marc vor. »Was stimmt denn nicht mit uns? Sag es mir!«

Manchmal vergaßen wir, dass wir im selben Boot saßen, und stritten uns. Wir wussten von Paaren, die diese Ungewissheit einfach nicht mehr ertragen und sich getrennt hatten.

Auch anderen ging es so, sagten wir uns, und schöpften daraus Kraft für die nächste Runde des Wartens. Zum Glück hatten wir eine solide Basis geschaffen und konnten nach wie vor über alles reden. Manchmal aber, da brach es aus uns heraus. Dann fühlten wir uns ungerecht behandelt, hinterrücks diskriminiert. Doch so sehr die Situation auch an uns zerrte – hätte man uns zu jenem Zeitpunkt erklärt, dass es niemals ein Kind für uns geben werde, dann wäre die Welt für uns zusammengebrochen. Und so klammerten wir uns an die Hoffnung, die bekanntlich zuletzt stirbt.

Und wir fallen noch tiefer

Als das Jahr 2012 anbrach, fühlte ich mich wie in einem dunklen Tunnel. Ich lief und lief, wie in einem Albtraum gefangen, hoffte auf Licht nach der nächsten Biegung, aber alles blieb dunkel.

»Irgendetwas stimmt da nicht«, sagte ich eines Abends zu Marc. Ich konnte nicht einschlafen und sprach in die Dunkelheit hinein.

»Die drei Jahre sind doch noch nicht um«, meinte er müde und wusste selbst, dass dieser Einwand uns nicht weiterhalf. Tatsächlich hatte ich ein seltsames Gefühl.

»Meinst du, die wollen einfach keine schwulen Eltern?«

»Das glaube ich nicht«, hielt Marc dagegen. »In Südafrika kann man als schwules Paar ohne Weiteres adoptieren, wenn man die dortige Staatsbürgerschaft besitzt. Daran, dass wir schwul sind, kann es nicht liegen.«

Eine Idee begann in mir zu reifen, verrückt zwar, aber in der Not musste man eben erfinderisch sein. Unser Südafrikaurlaub war der beste überhaupt gewesen. Die Offenheit der Menschen, diese Lebendigkeit …

»Wie wäre es denn, wenn wir auswandern?« Ich drehte mich zu Marc und versuchte in dem diffusen Licht, das von der Straße hereinfiel, einen Blick auf sein Gesicht zu erhaschen.

»Nach Südafrika, meinst du?«

»Ja! Überleg doch mal … wenn wir vor Ort wären, dann würde sich endlich was bewegen. Wir würden aus diesem Zustand des ewigen Wartens rauskommen. Wir beide könnten uns ganz normal für ein Kind bewerben.«

»Du weißt aber, dass man erst mal drei Jahre oder so dort leben muss, um die Staatsbürgerschaft zu kriegen?«

In mir zog sich alles zusammen. Noch mal drei Jahre warten. Um dann den Adoptionsvorgang aufs Neue zu starten. Das war Wahnsinn. Aber ich wollte partout nicht aufgeben.

»Und wenn wir runterfliegen und uns vor Ort erkundigen? Vielleicht können wir die Behörden überzeugen, dass wir gute Eltern sind … Wir könnten direkt aufs Amt gehen. Oder wir suchen selbst ein Kind aus und …«

»Hör auf!« Marc presste sich die Hände an die Schläfen. »Hör einfach auf! Bitte!«

»Aber willst du denn kein Kind?« Nein, ich hörte nicht auf, ich konnte es einfach nicht.

»Natürlich will ich ein Kind! Aber ich halte den Druck nicht mehr aus, den du zusätzlich machst. Wir müssen warten. Etwas anderes bleibt uns nicht übrig.«

»Ich kann aber nicht mehr warten.« Ich war verzweifelt. »Ich muss wissen, wie es mit unserem Leben weitergeht. Wir stecken fest. Ich kann nicht mehr!«

Marc nahm mich in die Arme. »Wir brauchen Geduld«, flüsterte er. »Einfach nur Geduld.«

Ich beruhigte mich nur langsam. Geduld, das war so leicht dahingesagt. Wir hatten doch schon so viel Geduld aufgebracht.

»Lass uns eine Nacht drüber schlafen, ja?«

Ich brummte zustimmend und lauschte auf Marcs Atemzüge, die immer tiefer und regelmäßiger wurden. Er hatte einen anstrengenden Tag hinter sich, natürlich war er müde. Ich aber fand keinen Schlaf, auch in dieser Nacht nicht.

Bei mir lief es in der Arbeit derzeit gar nicht rund. Mein Chef wartete ebenso brennend wie ich auf den Tag, an dem ich in Elternzeit gehen würde. Ich hatte seit Monaten keine spannenden Projekte mehr betreut, vor allem nichts, das Planung auf längere Sicht erforderte. Ich konnte es ihm nicht verdenken, doch das Ausharren auf dem Abstellgleis verstärkte in mir nur das Gefühl, mein Leben sinnlos zu vergeuden.

Lange kreisten meine Gedanken in den folgenden Tagen um die Idee, tatsächlich nach Südafrika zu fliegen. Ich wurde das Gefühl nicht los, dass man uns Steine in den Weg legte, und wollte wissen, ob es wirklich so war – und warum.

Am nächsten Morgen beschloss ich, mir einen Tag freizunehmen. So konnte es einfach nicht weitergehen. Ich rief im Landesjugendamt an, um nachzuhaken. Frau Sauer, unsere dortige Ansprechpartnerin, war nicht am Platz, sie würde zurückrufen.

Ich setzte mich an den Schreibtisch, klappte den Laptop auf. Wollte recherchieren und wusste nicht, was. Starrte auf das Telefon. Änderte den afrikanischen Klingelton in einen ganz gewöhnlichen. Spürte, wie ich kapitulierte.

Irgendwann klappte ich den Laptop wieder zu, stützte den Kopf in die Hände und weinte.

Drei Jahre zuvor war ich der glücklichste Mensch überhaupt gewesen. Zu meinem dreißigsten Geburtstag hatte Marc mich für ein verlängertes Wochenende nach Paris eingeladen. Wir beide liebten die Stadt. Marc hatte ein Semester dort studiert und kannte sich wie in Kapstadt bestens aus.

Am dritten Abend überraschte er mich mit einer Einladung zum Abendessen mitten im Eiffelturm. Das war nun wirklich kaum zu toppen! Kurz fragte ich mich, ob er mir am Ende einen Antrag machen würde. Aber ich wusste ja, dass er nicht heiraten wollte, dazu sah er keinen Grund. Außerdem war ihm nicht das Geringste anzumerken, er gab sich so locker wie immer.

Wir zogen uns schick an und machten uns auf den Weg. Das Hotel lag nur einen Spaziergang vom Eiffelturm entfernt. Dort angekommen, nahmen wir den privaten Aufzug des Restaurants in den zweiten Stock hinauf. Als ich durch die Tür trat, ging die Sonne gerade unter, und die letzten Strahlen brachen sich an der Eisenkonstruktion des Turms. Die Mischung aus Ambiente und Aussicht war atemberaubend.

Marc hatte einen Tisch am Fenster reservieren lassen. Ich blickte hinunter auf die Seine, auf der ein Ausflugsdampfer dümpelte. Es wurde rasch dunkel, und wir schwebten irgendwo zwischen den Sternen und den Lichtern der Stadt, die nach und nach aufflammten.

Nach dem Hauptgang schob Marc eine kleine schwarze Schatulle über den Tisch und klappte sie auf. Ein Ring! Mein Herz pochte.

»Willst du mich heiraten?«, fragte er, und mir schossen Tränen in die Augen vor Glück und Überraschung. Natürlich wollte ich.

Es war einer dieser Momente, in denen man dem Menschen, den man liebt, einfach nur um den Hals fallen möchte. Wir taten es dann doch nicht, nicht als schwules Paar in der Öffentlichkeit, auch nicht in Paris. Doch der Blick, der uns verband, war so intensiv, dass wir uns kaum näher hätten sein können.

Der Kellner spürte, dass etwas Besonderes im Gange war, und fragte, ob ich Geburtstag hätte. Spontan nickte ich, und als das Dessert kam, war es über und über mit Wunderkerzen dekoriert. Einen romantischeren Antrag hätte ich mir nicht vorstellen können.

Später steckte Marc mir den Verlobungsring an, und wir spazierten Hand in Hand durch die dunklen Gassen zu unserem Hotel.

Frau Pacher gratulierte uns zu unserem Entschluss. Obwohl eine Lebenspartnerschaft keine zwingende Voraussetzung für eine Adoptionsbewilligung war, wurde sie doch gern gesehen.

Als der Sozialbericht vorlag, beschlossen wir, unsere Lebenspartnerschaft im Rahmen einer Zeremonie von einem Notar besiegeln zu lassen. Zu diesem Zweck hatten wir einen kleinen Festsaal im nobelsten Hotel vor Ort reserviert. Nur unsere besten Freunde waren eingeladen; mit der Familie würden wir zu einem späteren Zeitpunkt nachfeiern. Wir hatten den Raum, der sonst allzu nüchtern wirkte, mit Blumengestecken geschmückt. Unsere Ringe lagen auf einem Herz aus Rosen. Ein Saxofonspieler untermalte die Zeremonie, und der Notar verlas die Urkunde. Nun trug ich Marcs Namen.

Nachdem wir unterschrieben hatten, beglaubigte er sie, und Marc und ich steckten einander die Ringe an. Wir hatten Trauzeugen ausgesucht, das gehörte nach unserer Vorstellung zu einer Hochzeit dazu.

Meine Freundin Viktoria hielt eine kleine Rede über die Liebe, die mir bis zum heutigen Tag in Erinnerung geblieben ist. Sie begann mit Erich Frieds Gedicht über die Liebe:

Es ist Unsinn
Sagt die Vernunft
Es ist was es ist
Sagt die Liebe

»Lieber Tobias«, fuhr sie fort, »du hast einmal zu mir gesagt: ›Ich liebe Marc als ganzen Menschen – von Herz zu Herz, mit allen Ecken und Kanten. Von Kopf bis Fuß. Ich liebe einfach alles an ihm, und mir konnte im Leben nichts Besseres passieren, als ihm zu begegnen. Ich bin endlich bei dem Menschen angekommen, zu dem ich gehöre. Und von dem ich weiß, dass er zu mir gehört.‹ Ich finde, einen schöneren Liebesbeweis kann es nicht geben.«

Ich griff nach Marcs Hand. Viktoria zwinkerte uns zu. »Man könnte fast neidisch werden, aber leider seid ihr beide ja schon vergeben. Auch wenn ich wohl einsehen muss, dass ich nie wirklich eine Chance hatte.«

Wir mussten schmunzeln, und sie fuhr fort.

»Ende des Jahres steht euch beiden noch ein weiterer Traum bevor – ich bin mir sicher, auch diesen werdet ihr mit ganz viel Herz, Liebe und Glück meistern.«

Die Rede war von unserem Kind – jenem Kind, auf das wir knapp drei Jahre später immer noch vergeblich warteten.

෴ ෴ ෴

Die Erinnerung an unseren Hochzeitstag stach mir ins Herz. Während ich zu Hause vor meinem zugeklappten Laptop saß und weinte, hatte ich das Gefühl, nicht noch tiefer fallen zu können. Doch da irrte ich mich.

Als das Landesjugendamt anrief, war es Nachmittag geworden. Draußen nieselte es, und ich fror.

»Herr Rebisch, ich wollte Sie auch schon anrufen«, sagte Frau Sauer. »Leider hat sich etwas ergeben, was die Sache erschwert. Südafrika hat eine neue Familienministerin. In den vergangenen Monaten hat sich einiges geändert, und wie wir soeben erfahren mussten, wird das Landesjugendamt nicht länger bei Auslandsadoptionen berücksichtigt.«

Ich hörte die Worte, und es dauerte einen Herzschlag lang, bis sie in mein Bewusstsein vordrangen. Es fühlte sich an, als hätte ich einen Faustschlag in den Magen bekommen.

»Aber ... was bedeutet das? Haben wir die ganze Zeit umsonst gewartet?«

»Nein, nicht unbedingt. Das Ganze war nicht vorauszusehen. Ich habe die Information, dass die alten Akten – wozu ja auch Ihre gehört – wenn möglich noch abgearbeitet werden sollen. Aber die Chancen auf eine Adoption sind ... nun, eher gering.«

Ich versuchte einen klaren Gedanken zu fassen.

»Was sollen wir denn nun tun?«, fragte ich verzweifelt.

»Sie können sich immer noch für eine Inlandsadoption aufstellen lassen.«

Ich konnte nicht denken, murmelte nur ein paar Worte zum Abschied und beendete das Gespräch.

Marc, sonst immer so besonnen, reagierte genauso verzweifelt wie ich. Wir fragten uns, was aus den Kindern werden sollte, die so dringlich auf eine liebevolle Familie warteten. Das war doch der reinste Irrsinn!

Noch am selben Abend beschlossen wir, nach dem letzten Strohhalm zu greifen, der uns blieb: der Inlandsadoption.

»Ein Kind auf zwölf Elternpaare! Welche Aussichten haben wir denn da?«, warf ich ein.

»Wir dürfen uns von den Zahlen nicht abschrecken lassen«, hielt Marc dagegen. »Die kennen schließlich auch die Studien, du weißt schon …« Er schlug den Ordner auf, in dem ich die Unterlagen zur Adoption fein säuberlich abgeheftet hatte.

»Hier steht es schwarz auf weiß. ›Sogenannte Regenbogeneltern sind genauso gute Eltern wie heterosexuelle Paare. Das Kindeswohl ist bei ihnen ebenso gewahrt wie in anderen Familien.‹ Wenn es Unterschiede zu beobachten gibt, dann eher in positiver Weise, heißt es in der Studie.«[6]

»Dann lass es uns versuchen«, stimmte ich zu und nickte.

Natürlich war zu vermuten, dass die Studie des Bayerischen Staatsinstituts für Familienforschung auch den Jugendämtern bekannt war. Die stellvertretende Leiterin des Instituts hatte die positiven Ergebnisse unter anderem darauf zurückgeführt, dass sich Regenbogeneltern ihrer speziellen Situation sehr bewusst sind »und auch den Anforderungen, denen sie ihre Kinder aussetzen. Sie denken sehr viel darüber nach, wie sie ihre Kinder vorbereiten und unterstützen können, und erklären ihnen, dass es verschiedene Lebensformen gibt. Das fördert das Selbstbewusstsein und die Toleranz«[7], stand dort zu lesen.

Das Problem aber lag nicht beim Jugendamt, das war uns bereits bei unseren ersten Treffen mit Frau Pacher klar geworden. Eine Mutter, die ihr Kind zur Adoption freigab, konnte Wünsche in Bezug auf die Eltern äußern. Die Eckdaten legte das Jugendamt fest und traf anhand derer eine Auswahl. Wir galten als Ausnahmefall, daher präsentierte man uns der Mutter immer gemeinsam mit einem Heteropaar. Wir brauchten also gleich zweimal Glück: einmal in Bezug auf das Jugendamt, das unser Potenzial als infrage kommende Eltern positiv einschätzte, und zum anderen in Bezug auf die Mutter, die uns gegenüber dem anderen, heterosexuellen Paar vorzog. Einem Paar, das ebenso wie wir einen Sozialbericht vorlegen konnte, wie wir über ausreichende Mittel verfügte und wie wir ein soziales Netz und andere wichtige Voraussetzungen für das Kindeswohl zu bieten hatte.

Ich weigerte mich, die Hoffnungslosigkeit der Lage anzuerkennen. Doch als am Abend mein Blick das Prinzenkissen streifte, nahm ich es und schob es ganz weit hinten in den Schrank.

Rückkehr nach Südafrika

Wieder ein grauer Raum, wieder eine Informationsveranstaltung des Jugendamts, diesmal für Inlandsadoption.

Marc und ich waren ein wenig zu früh da und gingen in die an den Seminarraum angrenzende Küche, um uns einen Kaffee zu holen. Mit dieser Idee waren wir nicht allein. Eine Frau um die dreißig lächelte uns an und stellte sich vor: Marie Petersen. Wir machten ein wenig Small Talk und tranken zusammen unseren Kaffee. Es herrschte eine angenehme Stimmung, und das tat wohl, denn unsere Nerven lagen blank. Wir wussten, dass unsere Aussichten sich durch die Aufstellung zur Inlandsadoption nicht maßgeblich verbesserten und unser Verfahren in Südafrika am seidenen Faden hing.

Die Sozialpädagogin des Jugendamts begrüßte uns und gab uns einen Überblick über die Themen des Tages. Anders als beim ersten Mal sollten die anwesenden Paare sich nicht persönlich vorstellen, sondern sich in Zweiergruppen intensiv über die eigene Geschichte austauschen und anschließend den jeweils anderen präsentieren.

Ich gab Marie ein Zeichen, denn sie war mir auf Anhieb sympathisch gewesen. Sie nickte und setzte sich zu mir, während Marc sich zu ihrem Mann gesellte.

In kurzen Worten erzählte ich ihr, dass Marc und ich homosexuell seien und ein Kind adoptieren wollten.

»Das hab ich mir schon gedacht«, sagte sie. »Irgendwie sind alle gut aussehenden Männer schwul.«

Ich musste lachen. Dann erzählte ich ihr von den vergangenen drei Jahren, dem vergeblichen Warten und Hoffen und was es mit uns gemacht hatte. Sie schien mich genau zu verstehen.

Als Marie an der Reihe war und zu erzählen begann, wurde mir das ganze Ausmaß ihres Leids bewusst. Mehr noch spürte ich, dass die Ausweglosigkeit ihrer Situation uns verband.

Marie hatte schon früh erfahren, dass sie aus gesundheitlichen Gründen nicht schwanger werden konnte. Als sie sich in ihren jetzigen Ehemann verliebt hatte, war sie ihm gegenüber gleich offen gewesen, und er hatte ihr Schicksal mitgetragen.

»Alexander sagt immer, er habe sich in mich als Mensch verliebt, mit meinem ganzen Potenzial und meinen Grenzen.«

Ich nickte. So war es bei Marc und mir auch gewesen.

Marie öffnete sich in den folgenden Minuten rückhaltlos. Es war bewegend, intim, traurig. Ich spürte, wie sehr sie sich wünschte, einem Kind ihre Liebe schenken zu können, und wie es an ihr zehrte, dass sie nicht schwanger wurde, nicht einmal auf künstlichem Weg.

Als wir später wieder im Kreis saßen und unsere Seminarpartner vorstellten, wurde mir bewusst, wie viel uns alle einte. Was auch immer uns an diesem Tag hergeführt hatte: Wir waren nicht in der Lage, ein leibliches Kind zu bekommen, wünschten uns jedoch eine Familie, und das führte dazu, dass wir uns abhängig von den Entscheidungen Dritter machten. Deutlich war zu spüren, wie die Gefühle in diesem Raum kondensierten. Hoffnung. Warten. Enttäuschung. Neue Hoffnung, von irgendwoher geholt, wieder das Warten. Und wieder Enttäuschung.

Dieser Raum mit seinen Paaren unterschied sich so sehr von der bunten Welt dort draußen vor den Fenstern, wo Kinder lachten oder schrien, wo Mütter und Väter glücklich waren, gehetzt oder auch gleichgültig. Nicht alle, das war uns klar, wussten das Geschenk eines Kindes so zu würdigen wie wir, denen es verwehrt blieb.

Im zweiten Teil des Seminars sahen wir einen Film, der von vier Müttern handelte, die ihr Kind aus unterschiedlichen Gründen zur Adoption freigaben. Die erste Mutter war sehr jung und alleinstehend, die zweite konnte aus wirtschaftlichen Gründen nicht für ein Kind sorgen, die dritte war suchtkrank und hatte zu spät gemerkt, dass sie schwanger war, um noch mit einem Entzug zu beginnen. Die vierte war vergewaltigt worden.

Im Anschluss an den Film sollten wir unsere Einstellung zu den verschiedenen Müttern und ihren Gründen für eine Adoption äußern. Ich wollte mir nicht anmaßen, über die einzelnen Situationen zu urteilen. Diese Frauen waren bereit, den schwierigen Schritt zu gehen und das eigene Kind wegzugeben. Ich konnte mir nur ansatzweise vorstellen, was das für eine Mutter bedeutete. Jedenfalls hätte ich jedes der vier Kinder liebend gern aufgenommen, und Marc war der gleichen Meinung wie ich.

»Wir sind stark genug, die Last zu tragen, die ein Kind mit sich bringt«, sagte er. An diesem Punkt waren wir bereits gewesen, als wir den Fragebogen zur Auslandsadoption ausgefüllt hatten.

Natürlich war besonders eine Vergewaltigung ein schweres Erbe, das gewiss auch auf dem Kind lastete. Nichtsdestotrotz wurde das kleine Wesen auf diese Welt geschickt, und vielleicht würde in diesem Fall sogar eher noch ein Fremder, der die Gewalt nicht am eigenen Körper gespürt hatte, das Kind voller Liebe großziehen können.

Es war beileibe nicht leicht, sich mit solchen Themen auseinanderzusetzen, doch dies war nun einmal unser Weg. All dies gehörte zum Thema Adoption und damit auch zu unserem Leben.

Am Ende der Veranstaltung tauschten wir Adressen aus, doch zugleich trug jeder an seinen eigenen Hoffnungen und zog seines Weges. Nur Marie sollte später noch einen wichtigen Part in meinem Leben übernehmen.

In den Wochen nach dem Seminar versuchten Marc und ich die Hoffnung aufrechtzuerhalten. Eine Weile beflügelte uns der Gedanke an die zusätzliche Chance, die uns der Antrag auf eine Inlandsadoption bot. Doch mit der Zeit veränderte sich etwas in uns. Wir begannen, zögerlich zuerst, die Möglichkeit in Betracht zu ziehen, dass sich unser Herzenswunsch vielleicht nie erfüllen würde. Es waren kleine Anzeichen, zuerst. Da war der Wunsch, wieder zu reisen – etwas, das wir uns bis auf wenige Wochenenden verwehrt hatten. Wir unternahmen mehr mit Freunden, und wenn wir über anstehende Familienfeste sprachen, dachten wir nicht mehr daran, wie sehr wir uns gewünscht hatten, unser Kind könne mit dabei sein und mit seinen Cousins und Cousinen herumtoben.

Schließlich hielt ich meine Arbeitssituation nicht länger aus und beschloss zu kündigen. In einem Skiort in Österreich wurde jemand fürs Marketing und den Vertrieb eines schicken Hotels gesucht. Das klang nach einer Herausforderung, der ich mich stellen wollte. Ich bewarb mich – und hatte Glück.

Die neue Arbeit brachte es mit sich, dass ich zwei Nächte pro Woche in Österreich blieb und Marc und ich vor allem am Wochenende Zeit füreinander fanden.

Meine neue Arbeit fesselte mich; ich war begeistert von dem Hotelkonzept, das eine Mischung aus Tradition und Modernität in sich vereinte. Hier bot sich viel Spielraum, mich einzubringen, die Homepage zu gestalten, Veranstaltungen ins Leben zu rufen und das Hotel auch abseits der Hauptsaison für Gäste attraktiv zu machen. Es tat gut, beruflich wieder wertgeschätzt und gebraucht zu werden, und Marc trug meine Entscheidung mit.

Über allem schwebte indes nach wie vor das Adoptionsverfahren. Ich konnte und wollte mich noch nicht von dem Gedanken an ein Kind verabschieden. Manchmal starrte ich auf das Display meines Handys, als könne ich den Anruf des Jugendamts herbeizwingen.

Für ein Heteropaar war der Sozialbericht der Startschuss für eine Adoption, doch in unserem Fall war dieser Schuss nach hinten losgegangen. Wir spürten solch eine Müdigkeit, als drei Jahre des Wartens verstrichen waren und sich weitere Tage, Wochen, Monate dazu addierten. Manchmal machten wir uns Vorwürfe, aus dem Nichts heraus, wenn die Enttäuschung einfach aus uns hervorbrach. Dann verharrten wir in tiefem Schweigen, verboten uns, das Thema zur Sprache zu bringen. Nur unsere Beziehung, die stellten wir nicht infrage. Ich rückte den Fokus wieder ein ganzes Stück weit auf uns beide.

Lieber Marc,
mittlerweile schreiben wir uns nur noch zu besonderen
Anlässen. Noch ist zwar nicht Weihnachten, aber es ist mir
wichtig, Dir zu sagen, wie froh ich bin, dass es Dich in meinem
Leben gibt. Ich vermisse Dich, wenn ich in Österreich arbeite,
aber ich habe dennoch das Gefühl, dass Du ganz nahe bei
mir bist.

Die Situation ist sicher nicht leicht für uns, aber wir müssen sie eben als Teil unseres Lebens akzeptieren, wie Du einmal gesagt hast. Oder es zumindest versuchen …

Tief in mir konnte ich nicht verwinden, was in unserem Leben schiefgelaufen war. Schließlich war es Marc, der mit einer Idee daherkam.

»Lass uns wegfahren, nach Weihnachten. Wir brauchen beide Abstand.«

»Was schlägst du vor?«, fragte ich.

»Wie wäre es mit Südafrika? Da hat es uns so gut gefallen, und außerdem ist es dort um diese Zeit schön warm. Wir müssen hier raus.«

Ich stimmte ihm zu. »Aber dürfen wir das denn? Wegen des Anrufs, falls das Jugendamt sich meldet …«

»Die melden sich doch sowieso nicht«, antwortete er knapp, und ich ließ seine Bemerkung im Raum stehen, so bitter sie auch klang.

Wir buchten einen Flug für Mitte Januar. Es wurde höchste Zeit, den Alltag hinter uns zu lassen.

Als wir in den Flieger stiegen, spürten wir beide einen Stich im Herzen. Dreieinhalb Jahre hatten wir einem Flug nach Südafrika entgegengefiebert, um unser Kind dort abzuholen. Irgendwann, so sagten wir uns, würde der Schmerz erträglicher werden.

Kapstadt empfing uns mit sommerlicher Hitze. Wir tauchten ein in das pulsierende Leben der Stadt, gingen an den Strand, machten Sightseeing, stiegen auf den Lion's Head und nahmen uns Zeit für uns selbst. Mit dem Mietwagen fuhren wir die Küste entlang. Nur die Township, die ließen wir außen vor.

Loszulassen bedeutet hinzunehmen, dass ein sehnlicher Wunsch nicht erfüllt wird, sich nicht verwirklichen lässt. Der räumliche Abstand zu unserem gewohnten Umfeld half uns bei diesem schmerzlichen Prozess. Mit Blick auf den Ozean sprachen wir aufs Neue über unsere Wünsche an das Leben, diesmal in dem Wissen, dass es kein gemeinsames Kind geben würde. Wir waren in einem Wunschtraum gefangen gewesen. Inzwischen waren wir aufgewacht, mussten uns den Sand aus den Augen reiben und die Realität anerkennen. Und so ließen wir zu, dass der Wind unsere Hoffnungen davonwehte.

Für die nächsten Tage buchten wir eine Safari. Ein Ranger holte uns ab und brachte uns mitten in die Wildnis. Es war ein beeindruckendes Gefühl, das harte Gesetz des Überlebens in der Savanne so hautnah mitzuerleben. Die Natur nahm uns vollends gefangen. Die Befreiung aus dem Teufelskreis des vergeblichen Wartens tat unendlich gut. Lange hatten wir gebraucht und Wunden davongetragen. Nun mussten wir füreinander da sein. Es war so wichtig, sich wieder zu spüren, sich zu vergewissern, dass wir uns immer noch so viel zu sagen hatten, auch ohne ein Kind in unserer Mitte.

Manchmal ergriff uns Traurigkeit, aber sie gehörte zu diesem inneren Prozess dazu. Dann wieder spürten wir die Kraft, die ein Neuanfang mit sich bringt. Wir würden mehr Energie in die Arbeit stecken. Wir würden neue Träume träumen, und auch wenn keiner in der Lage wäre, ein Kind zu ersetzen, so hatten wir doch immer noch uns.

Als wir drei Wochen später in den Flieger nach Hause stiegen, spürten wir beide, wie wichtig die gemeinsame Zeit für unser Leben und unsere Beziehung gewesen war. Wir hatten das Thema Adoption hinter uns gelassen. Nun galt es, die

Zukunft neu zu definieren. Wie auch immer unser Lebensweg sich gestalten würde, wir würden ihn zu zweit gehen.

Wir landeten am frühen Morgen des 11. Februar, an einem Montag. Marc ging noch am selben Tag ins Büro. Ich hatte einen weiteren Tag frei, packte aus, kümmerte mich um die Wäsche. Ich ahnte ja nicht, welche Bedeutung dieser Tag für mein Leben haben würde!

Am nächsten Morgen machte ich mich auf den Weg nach Österreich, zu meiner Arbeit. Es war ein kalter, nebliger Tag. Die Winterjacke engte mich ein, nach all der wohltuenden Wärme am Kap. Im Büro beeilte ich mich, sie loszuwerden, doch ich fröstelte unentwegt.

In den vergangenen Wochen hatte ich Ideen für ein neues Projekt entwickelt und saß den halben Tag lang über dem Computer, um eine Präsentation zu erarbeiten. Ich merkte gar nicht, wie die Zeit verstrich.

Die Nacht verbrachte ich in dem kleinen Apartment, welches das Hotel für mich zur Verfügung gestellt hatte. Auch der folgende Tag stand ganz im Zeichen der Präsentation. Es machte Spaß, wieder Ideen zu kreieren und mich einzubringen.

Am späten Nachmittag klingelte das Telefon, es war Marc. »Sitzt du?«, fragte er mich.

Oha, dachte ich, anscheinend hat er Schwierigkeiten im Job.

»Ja klar«, sagte ich halbherzig, gedanklich immer noch in meine Arbeit vertieft. »Was ist los? Ärger im Büro?«

»Frau Pacher hat angerufen«, sagte er.

Die Härchen in meinem Nacken stellten sich auf. Mein Herz setzte einen Schlag lang aus.

»Frau Pacher?«, fragte ich ungläubig. »Das Jugendamt?«

»Sie haben ein Baby für uns, Tobias. Ein Baby. Ich kann es einfach nicht glauben.«

»Ein Baby? Für uns?« Mir wurde kalt und heiß zugleich. »Ein Baby?«

»Ja!«

Mir schossen die Tränen in die Augen.

Ein Baby.

Konnte das wirklich wahr sein?

Nach Marcs Anruf war ich völlig durch den Wind. Die nächste Stunde lief an mir vorbei wie ein Film, ich fühlte mich wie ferngesteuert. Mein Mund war trocken. Ich griff nach dem Wasserglas und spürte, wie meine Hand zitterte. Rasch stellte ich es wieder hin, ohne zu wissen, ob ich einen Schluck getrunken hatte. Marc war drei Autostunden entfernt. Wenn ich jetzt losfuhr, würde ich womöglich einen Unfall bauen.

Ich musste etwas tun. Ohne nachzudenken, griff ich zum Telefon und rief meine Mutter an.

»Hallo, Mama …«, begann ich, doch meine Kehle war wie zugeschnürt. Ich brachte kein Wort mehr hervor.

»Was ist denn?«, fragte meine Mutter. »Ist was passiert? Etwa mit Marc?« Sie klang voller Sorge.

Ich weinte, wollte sprechen, brachte aber noch immer keine Silbe hervor.

»Bitte, bitte, so sag doch was!«, forderte meine Mutter mich auf.

»Du … du bist Oma geworden«, brach es aus mir heraus. »Wir bekommen ein Baby.«

Am anderen Ende der Leitung herrschte Stille. Dann weinten wir beide.

Nach einer Weile fragte meine Mutter nach den Einzelheiten. Ich erzählte ihr von Marcs Telefonat mit dem Jugendamt und versprach ihr, am nächsten Tag wieder anzurufen, sobald wir Näheres wussten.

Eine Weile saß ich still auf meinem Stuhl, unfähig, die Neuigkeit zu verarbeiten. Irgendwann wischte ich mir die Freudentränen aus den Augen und suchte meinen Chef auf, um ihm alles zu erzählen und meine Elternzeit zu beantragen.

Zwei Stunden später hatte ich mich einigermaßen gefangen und machte mich auf den Weg nach Hause.

Auf den Straßen herrschte wie tags zuvor dichter Nebel. Die Sicht wurde immer schlechter. Ich schaltete das Autoradio an und gleich darauf wieder aus. In meinem Kopf kreisten zu viele Gedanken.

Als ich endlich in unsere Straße einbog, war längst die Nacht angebrochen. Und doch schien die Dunkelheit mit einem Mal licht.

Luis

Marc wartete schon ungeduldig auf mich. Eine Kerze stand auf dem Tisch und zwei Champagnergläser; wir hatten die Flasche dreieinhalb Jahre zuvor gekauft, für diesen Augenblick.

Ich aber war viel zu aufgeregt, um mich hinzusetzen und zu feiern. Ohne Unterlass redete ich auf Marc ein.

»Jetzt erzähl schon! Was genau hat sie gesagt?«

»Frau Pacher erklärte, sie habe ein Baby für uns. Einen Jungen. Wir sollen morgen um acht ins Jugendamt kommen.«

»Aber sie hat doch sicher noch mehr gesagt«, drängte ich.

»Nein. Doch. Lass mich überlegen … Ich war ganz schön aufgeregt …« Marc griff nach meiner Hand.

»Wo warst du denn, als sie angerufen hat?« Ich musste einfach jede kleinste Einzelheit erfahren, um mir sicher zu sein, dass es wirklich passierte.

»Ich war im Büro, so wie du.«

»Aber warum hat sie dich angerufen und nicht mich?«

Marc musste grinsen. »Wahrscheinlich hält sie mich für emotional stabiler, um eine solche Nachricht aufzunehmen.«

Da hatte sie wohl recht.

»Ja, aber was hat sie genau gesagt?«, fragte ich weiter. »Ist es denn sicher, dass wir das Kind bekommen? Oder ist da noch ein anderes Paar in der engeren Wahl?«

Je länger wir redeten, desto mehr wich die Euphorie einer tiefen Verunsicherung. Die Jahre des Wartens hatten uns das Vertrauen geraubt, dass alles gut werden würde, eines Tages. Ich hatte zu viel Angst, um mich in die Freude hineinfallen zu lassen.

Irgendwann jedenfalls hatte ich es geschafft: Ich hatte Marc derart mit meinen Fragen bedrängt, dass er sich nicht mehr sicher war, was genau Frau Pacher gemeint hatte. Das war der Moment, wo wir beschlossen, lieber zu schweigen.

In der Nacht tat ich kaum ein Auge zu. Um halb sechs stand ich auf. Ich rasierte mich gerade, als Marc ins Bad kam und aus heiterem Himmel den Badezimmerschrank inspizierte.

»Wir brauchen Platz«, murmelte er und fing an, den Schrank auszuräumen. Es war noch nicht mal sechs. Wir standen beide so was von neben uns.

Ich half ihm, warf gefühlte tausend Parfümproben und kleine Seifen von unseren Reisen weg und wusch die freien Fächer aus. Vermutlich war es eine Übersprungshandlung, der Wunsch oder vielmehr die Notwendigkeit, Ordnung in das emotionale Chaos zu bringen.

Später konnte ich vor Nervosität kaum die Kaffeetasse halten, geschweige denn einen Bissen essen.

»Fahr du«, sagte ich zu Marc und gab ihm den Autoschlüssel.

Auf dem Weg zum Jugendamt meinte Marc: »Ich habe die halbe Nacht darüber nachgedacht. Ich weiß einfach nicht, ob wir bloß in der engeren Auswahl sind oder tatsächlich ein Baby bekommen.«

Er klang so unsicher, fast gequält, und ich wusste genau, was in ihm vorging. Und ich fragte schon wieder weiter.

»Meinst du, wir lernen die Mutter kennen? Wie sollen wir auf sie reagieren?«

Marc zuckte mit den Achseln. »Ich weiß es nicht. Frau Pacher hat nichts dazu gesagt … Glaube ich zumindest.«

»Aber wie können wir sie von uns als Eltern überzeugen? Und was tun wir, wenn sie sich gegen uns entscheidet?«

Marc schwieg. Ich verbiss mir die nächste Frage, die mir schon auf der Zunge lag.

»Lass uns realistisch bleiben«, sagte ich stattdessen. Ausgerechnet ich. »Wir werden sehen, was auf uns zukommt.«

Frau Pacher erwartete uns bereits. Wir hatten sie über ein Jahr nicht mehr gesehen.

»Kommen Sie herein, nehmen Sie Platz!«, sagte sie. »Wie geht es Ihnen?«

»Wir sind müde«, sagte ich. »Wir haben nicht schlafen können. Wir sind so gespannt, was jetzt kommt.«

»Ja, dann will ich Sie nicht lange auf die Folter spannen. Ich hole jetzt Frau Huber. Sie hat die Mutter betreut und kann Ihnen einiges über Ihren Sohn sagen.«

Als die Worte mich erreichten, stockte mir das Herz. Ich blickte zu Marc. Für einen Moment schien die Zeit stillzustehen. Die Gefühle, die uns ergriffen, waren jenseits von allem, was sich mit Worten ausdrücken lässt.

Mehr Glück kann es im Leben nicht geben, dachte ich. Mir schossen die Tränen in die Augen. Und plötzlich stob alle Traurigkeit in mir davon, zusammen mit der Last des langen Wartens. Ich freute mich so immens, dass mir für einen Moment schwindelig wurde. Ich fing Marcs Blick auf und hielt ihn. Bis die Tür sich öffnete und Frau Pacher mit ihrer Kollegin eintrat.

Frau Huber stellte sich vor und kam gleich zur Sache.

»Wir freuen uns, dass Sie als Eltern für den kleinen Luis ausgesucht wurden.«

Zum ersten Mal hörten wir seinen Namen. Luis.

Dann sprach sie weiter. »Bei der Geburt wog er dreitausendvierhundert Gramm. Er ist vierundfünfzig Zentimeter groß und kerngesund. Und er hat braunes Haar, so wie Sie.« Sie lächelte mich an.

Der Mutter ging es gut, sie hatte das Kind ambulant geboren, eine Nacht im Krankenhaus verbracht und war bereits entlassen worden.

»Sie hat sich bewusst für Sie entschieden«, erzählte Frau Huber. »Wir hatten ein weiteres Elternpaar zur Auswahl, aber sie wollte, dass Luis zu Ihnen kommt.«

»Und das ist jetzt alles ganz sicher?« Ich musste einfach nachhaken, brauchte die Gewissheit.

»Ich denke nicht, dass sie die Adoption zurückziehen wird«, meinte Frau Huber. »Sie wünscht auch keinen Kontakt zu Ihnen oder Luis.«

»Sie wissen ja, dass die leibliche Mutter acht Wochen Zeit hat, es sich zu überlegen. Erst nach dieser Frist wird beim Notar jegliche Verbindung rechtlich getrennt«, mischte sich Frau Pacher ein.

Ich nickte. Ja, das wussten wir. Allerdings hatte ich keine Ahnung, wie wir das überstehen sollten, wenn es wirklich so käme, wenn die Mutter sich umentschied. Schon bald aber würde ich gar keine Zeit mehr haben, darüber nachzudenken.

Ich konzentrierte mich wieder auf Frau Huber. Sie hatte Luis gesehen, Luis, unseren Sohn. Ich wollte einfach alles über ihn wissen, jedes noch so kleine Detail erfahren, wollte, dass sie nur noch von ihm redete. Bis wir ihn sehen durften.

»Es kann sein, dass der Funke nicht sofort überspringt. Das sollte Sie nicht verunsichern, das ist auch bei leiblichen Eltern manchmal der Fall«, sagte Frau Huber, und ich nickte.

Frau Pacher unterbrach uns. »Wenn das so für Sie stimmt, dann schlage ich vor, wir fahren zum Krankenhaus. Luis sollte so schnell wie möglich zu Ihnen kommen. Ich kümmere mich um das Pflegepersonal, damit Sie sich ganz auf Ihren Sohn konzentrieren können.«

Marc und ich sahen uns an. Uns klopfte das Herz bis zum Hals.

Zwanzig Minuten später waren wir an der Pforte des Krankenhauses angelangt und warteten auf Frau Pacher und Frau Huber.

Wir konnten es kaum erwarten, Luis endlich zu sehen, ihn in den Armen zu halten, und zählten ungeduldig die Minuten, bis die beiden Damen endlich eintrafen.

Zielstrebig ging Marc voran, den Schildern nach, zur Neugeborenenstation. Ich schloss zu ihm auf, die Treppe hinauf, den Flur entlang, den Schildern nach durch eine Tür, eine weitere Treppe hinauf und wieder durch einen langen Flur. Die Wege durchs Krankenhaus kamen mir endlos vor. Die ganze Zeit über hatte ich eine typische Säuglingsstation vor Augen, ein Glasfenster, hinter dem die Babys in ihren Bettchen zu sehen waren und durch das ich einen ersten Blick auf Luis werfen könnte.

Dann erreichten wir die Station. Frau Pacher und Frau Huber hatten uns schon angemeldet. Ich sah mich um, nirgends war ein Glasfenster zu sehen. Wo mochte Luis sein? Marc und ich waren so aufgeregt wie nie zuvor in unserem Leben.

Frau Pacher ging mit uns zum Schwesternzimmer und stellte uns vor, als Eltern des kleinen Luis.

Marc und ich spürten die Blicke der·Schwestern. Offenbar hatte ihnen keiner gesagt, dass ein Männerpaar als Eltern ausgewählt worden war. Kurz streiften uns Verwunderung, ein

Funken Vorbehalte, dann war auch dieser Moment überwunden. Eine Schwester führte uns in das Stillzimmer der Station und bat uns zu warten. Als sich die Tür hinter ihr schloss, drehte ich mich einmal um mich selbst, um den Raum wahrzunehmen, in dem ich unseren Sohn das erste Mal sehen würde. Doch ich nahm nur Bruchstücke wahr, das kleine Sofa und die kahlen Wände.

»Komm, setz dich zu mir!«, forderte mich Marc auf, und ich ließ mich neben ihm auf die Couch sinken. Er nahm meine Hand, drückte sie. Ich spürte, wie er zitterte. Oder war ich es selbst?

»Ich hole Luis dann jetzt«, hörte ich die Schwester draußen sagen.

»Wer von uns beiden soll ihn denn als Erster nehmen?«, fragte ich Marc. Mein Mund war ganz trocken vor Aufregung.

»Das kannst du machen«, sagte Marc. Plötzlich wirkte er unsicher. So war er, wenn ein Sturm von Gefühlen ihn überkam.

Die Minuten dehnten sich. Wie lange hatten wir auf diesen Augenblick hingefiebert ... Plötzlich öffnete sich die Tür, und die Schwester trat ein. Sie hielt ein kleines Bündel in den Armen und beugte sich zu uns herunter.

Dieser Moment ... Der erste Blick auf unseren Sohn ...

Luis war in eine blaue Babydecke eingehüllt. Das Erste, was ich von ihm sah, war sein Stupsnäschen. Dann hielt ich ihn in den Armen.

»Ich lasse Sie jetzt allein. Rufen Sie mich, wenn Sie mich brauchen!«, sagte die Schwester und wandte sich zum Gehen.

Einige Atemzüge lang verharrten wir, ehrfürchtig angesichts dieses kleinen Wunders. Dann legte Marc einen Arm um mich und blickte mir über die Schulter. Den anderen Arm legte er um Luis. So hielten wir ihn gemeinsam.

Es war ein unglaubliches Gefühl, das Kind im Arm, Marc in meinem Rücken. Mehr als Worte es gekonnt hätten, signalisierte er mir: Ich bin für euch da. Immer.

Schweigend betrachteten wir Luis, der ganz in seiner Traumwelt versunken schien. Er roch so gut. Ich strich ihm sanft über die Hände, die winzigen perfekten Fingerchen, immer wieder. Ich konnte mich nicht sattsehen. Die kleine Nase, die Augen, noch geschlossen. Er wirkte so friedlich, wie ein kleiner Engel, der zu uns auf die Erde gekommen war.

Irgendwann unterbrach Marc die Stille, bat, ihn auch halten zu dürfen. Vorsichtig bettete ich Luis in seine Arme. Dann nahm ich mich ein Weilchen zurück, um Marc diese kostbare Zeit mit seinem Sohn zu gönnen.

Die Zeit verflog, ich hätte nicht sagen können, ob wir eine Stunde oder zwei dort saßen. Ich dachte nur, dass ich ewig so dasitzen könnte und Luis einfach nur ansehen, ihn halten, streicheln. Dann plötzlich regte er sich und öffnete die Augen. Mir kam es so vor, als lächelte er. Der Blick aus seinen blauen Augen war so vertraut, als hätte ich ein Leben lang darauf gewartet, ihn aufzufangen und zu erwidern.

Marc und ich hatten schon viele Babys in den Armen gehalten, unsere Nichten und Neffen, die Kinder von Freunden. Wir wussten, wie klein Neugeborene waren, wie vollkommen. Wir kannten dieses Gefühl, eine Mischung aus Ehrfurcht und Staunen, die einen Erwachsenen angesichts eines neugeborenen Wesens erfüllt. Doch mit Luis war es etwas völlig anderes. Das Gefühl war so immens stark, so essenziell. Wir waren seine Eltern, und er war unser Kind. Das Kind, auf das wir uns so lange gefreut hatten. Er war uns anvertraut worden, und wir würden immer, unser ganzes Leben lang, für ihn da sein.

»Ich glaube, ihm ist zu warm«, flüsterte ich und fühlte in seinem Nacken. Im Zimmer war es brütend heiß. Luis schwitzte ein wenig. Vorsichtig öffnete ich die Decke, die ihn wie ein Kokon umgab. Er trug einen Frotteestrampler der Klinik, mit einem Elefanten drauf. Ich strich über seinen Bauch, der Stoff fühlte sich rau an unter meinen Fingern. Dann nahm ich eine seiner Hände, sie war noch ein wenig schrumpelig, doch offen und ganz entspannt. Ich legte meinen Daumen in die winzige Handfläche und strich die Finger entlang, immer wieder. Er streckte sich wohlig, wie zur Antwort.

»Schau mal, Marc!«, sagte ich völlig verzaubert und beobachtete Luis' Mimik. Marc lächelte, ganz versunken in den Anblick. Er wirkte so unbeschreiblich glücklich.

Als ich daran dachte, dass Luis als Einziger allein auf der Station gewesen war, bevor wir kamen, spürte ich einen kurzen scharfen Schmerz im Innern. Er sollte nie wieder allein sein müssen. Ich wünschte mir, dass die Geborgenheit, die wir ihm schenken wollten, ihn umhüllte und sein ganzes Leben lang schützen würde.

»Wie schön, dass du da bist«, flüsterte ich ihm zu. Alle Gedanken traten in den Hintergrund, und für einen Moment waren wir drei durch unsere Herzen verbunden. Marc lächelte Luis an und wiederholte meine Worte. Da war so eine unglaubliche Zärtlichkeit in seinem Blick. Jetzt waren wir eine Familie.

In diesem Moment wusste ich, was bedingungslose Liebe ist, dieses Gefühl, das nie erlöschen würde, was auch geschehen mochte. Liebe ohne Wenn und Aber. Tiefer, allumfassender konnte man nicht lieben, da war ich mir sicher.

»Vielleicht macht er die Augen noch mal auf«, sagte Marc leise, doch Luis schlief längst wieder fest in seinem Arm.

Vom Flur her drang Frau Pachers Stimme zu uns herein,

sie sprach offenbar mit einer Schwester. »Das Kind ist gut versorgt. In den beiden Männern haben wir die passenden Eltern gefunden. Sie werden sich liebevoll um den Kleinen kümmern.«

Kurz schoss mir der Gedanke durch den Kopf, was sie dazu bewogen hatte, gerade uns auszusuchen. War es ein Stück weit Intuition gewesen? Nach welchen Kriterien gingen sie und ihre Kollegen vor, wenn es galt, die Eltern auszusuchen, die in die engere Wahl kamen? Dann löste sich der Gedanke auf, und ich spürte eine unendliche Dankbarkeit, dass sie Luis und uns zusammengebracht hatte.

Manchmal gibt es im Leben Momente, die möchte man konservieren, weil sie so einzigartig sind, so berührend. Wenn ich jetzt zurückdenke an diese Stunden, als wir Luis zum ersten Mal in den Armen halten durften, ist alles noch präsent. Dieses schwindelerregende Gefühl von Glück. Luis' Geruch, sein Babygesicht, das Gefühl seiner Fingerchen in meiner Hand. Als hätte sich sein Wesen tief in unser Herz eingegraben.

Eine ganze Weile später sah Frau Pacher zur Tür herein. »Hier ist ja alles ganz entspannt. Dann werde ich mal gehen. Sie dürfen Luis morgen mit nach Hause nehmen. Einzige Bedingung sind eine Babyschale fürs Auto und der Nachweis der Krankenversicherung.«

Mir fehlten die Worte, um mich angemessen zu bedanken. Aber das wusste Frau Pacher wohl. Sie lächelte uns zu und wandte sich dann zum Gehen.

Kurz danach schaute die Schwester herein. »Kommen Sie doch heute Abend wieder, gegen neunzehn Uhr. Dann zeigen wir Ihnen auch, wie man wickelt und ihm das Fläschchen gibt.«

Marc und ich sahen uns an. Wickeln! Fläschchen! Wir hatten nichts, wirklich gar nichts daheim. Wie sollten wir das schaffen?

»Wir müssen uns beeilen, wenn wir ihm bis morgen sein kleines Nest einrichten wollen«, sagte Marc und blieb sitzen. Auch ich konnte mich nicht dazu überwinden, Luis der Schwester zu übergeben und ihn allein auf der Station zurückzulassen. Wir hatten ihn doch erst eben bekommen.

Die Schwester schien zu spüren, was in uns vorging.

»Machen Sie sich keine Sorgen. Wir haben eine Schwesternschülerin, sie wird sich die ganze Zeit um Luis kümmern. Sie ist eine ganz Liebe, seien Sie sich da versichert …«

Nun gut. Und dennoch … Ich wollte einen weiteren Moment mit unserem Sohn herausschlagen.

»Darf ich ihn in sein Bettchen legen?«, fragte ich. »Damit wir wissen, wo er ist, während wir fort sind.«

»Ja, natürlich«, sagte sie. »Kommen Sie mit!«

Wir wickelten die Decke um ihn, sodass er es auf dem Weg zu seinem Bettchen warm genug hatte. Dann folgten wir der Schwester über den Gang bis zu dem Raum, in dem sein Bettchen stand. Ich legte Luis hinein, und während Marc sich den Raum ganz genau ansah, als wollte er sichergehen, dass sein Sohn hier gut aufgehoben war, strich ich über die Decke und sagte: »Papi kommt schnell wieder.«

Schweren Herzens ließen wir Luis zurück. Ich schaute auf die Uhr, es war kurz nach zwölf. Noch knapp sieben Stunden, dann wären wir wieder hier. Spätestens. Eine weitere Nacht, und er wäre endlich bei uns, in seinem Zuhause.

»Fällt es dir auch so schwer zu gehen?«, fragte Marc, und ich nickte. In den drei Stunden, die wir mit Luis verbracht hatten, war eine Bindung entstanden, wie ich sie nicht für möglich gehalten hätte. Ich konnte mir nicht vorstellen, mehr zu lieben, auch nicht, wenn er mein leibliches Kind gewesen wäre. Und obwohl sich die Zeit der Trennung von ihm nur in Stunden bemaß, tat es richtig weh, ihn allein zu lassen.

Nach einem letzten Blick auf Luis machten wir uns auf den Weg. Mitten auf der Treppe hielt ich an. Ein Gedanke ließ mich nicht los.

»Luis ist am Montag geboren. Genau an dem Tag, als wir aus Südafrika zurückgekommen sind.«

»Als er geboren wurde, saß ich in einem Meeting«, sagte Marc.

»Und ich habe ausgepackt.«

Für einen Moment drehte sich alles um mich herum. »Ich bin so glücklich«, stieß ich hervor.

»Ich auch«, sagte Marc, und ich umarmte ihn, da auf der Treppe, und bevor wir uns anders entscheiden konnten und zurück zu Luis liefen, zog Marc mich weiter.

»Komm, wir müssen uns beeilen! Umso schneller sind wir zurück.«

Zwei Männer und ein Baby

Marc und ich sprinteten über den Besucherparkplatz des Krankenhauses zum Auto. Jetzt war Action angesagt.

Kaum saßen wir, begannen wir zu planen. Unser Bestand an Babyausstattung belief sich auf null, einmal abgesehen vom Prinzenkissen. Wobei das streng genommen nur der Dekoration diente, erst einmal. Wir hatten knapp fünf Stunden, um alles zu beschaffen – vom Fläschchen bis zum Bett. Den Abend wollten wir unbedingt bei Luis verbringen. Er sollte so wenig wie möglich allein sein müssen, und wir vermissten ihn schon jetzt. In weniger als vierundzwanzig Stunden durften wir ihn nach Hause holen. Alles in allem war der Zeitrahmen für unsere Besorgungen extrem knapp, um nicht zu sagen sportlich.

»Wir müssen gewisse Abstriche machen. Ich schlage vor, wir fahren zum Industriepark, da gibt es einen Möbelmarkt und alle möglichen anderen Läden«, sagte Marc.

»Okay«, sagte ich, auch wenn ich mir den Einkauf der Babyerstausstattung völlig anders ausgemalt hatte. Ich hatte mir im Internet einen Überblick verschaffen wollen, wäre dann an einem Samstag schon früh in die Stadt gegangen, mit Marc, hätte verschiedene Farben zusammengestellt, Muster verglichen, Stoffe befühlt. Wir wollten nicht protzen, aber behaglich sollte es sein, entspannend. Zum Anziehen wollte ich einfache Basics aus Baumwolle und dazu ein paar ganz besondere Extras. Pädagogisch wertvolles Spielzeug natürlich, viel Holz, später Lego, eine Eisenbahn ... Stattdessen: der Industriepark. Aber Marc hatte recht. Jetzt ging es um Effizienz. Und Tempo. Ich hätte später noch Zeit, ein paar schöne Einzelstücke zu besorgen und es Luis gemütlich zu machen.

»Ich muss Magdalena anrufen«, sagte ich. Bestimmt hatte meine Mutter ihr schon erzählt, dass wir ein Baby bekamen. Meine Schwester hatte versprochen zu kommen, wann immer wir sie brauchten. Sie würde uns eine Riesenhilfe sein.

»Zu Hause warten sicher alle gespannt. Wir müssen unbedingt Bescheid geben, dass wir einen Sohn haben«, meinte Marc und fuhr auf die Schnellstraße Richtung Süden, ins Gewerbegebiet.

Ich holte das Handy hervor. Als Erstes rief ich meine Mutter an, sie nahm sofort ab. Wahrscheinlich hatte sie neben dem Telefon gewartet. Ich fiel mit der Nachricht ins Haus. »Mama, wir haben wirklich ein Baby! Du bist Oma geworden.«

»Wirklich?« Meine Mutter war völlig aufgelöst vor Freude.

»Er heißt Luis und ist drei Tage alt. Er ist das schönste Baby, das ich je gesehen habe. Du solltest mal seine Stupsnase sehen ...«

Marc gab mir ein Zeichen, dass ich mich kurz fassen sollte. Er hatte ja recht, aber ich hätte am liebsten stundenlang von Luis geschwärmt. Von seinen Augen. Diesem einzigartigen Babygeruch ... Ich riss mich zusammen. »Also, wir dürfen ihn morgen früh schon mit nach Hause nehmen, deshalb sind wir gerade etwas im Stress. Wir müssen seine ganze Ausstattung besorgen.«

»Morgen?! Nach Hause nehmen? Wie kann ich euch denn

helfen?«, fragte meine Mutter. Ich konnte sie förmlich vor mir sehen, so aufgeregt, dass sie nicht wusste, was sie als Erstes tun sollte.

»Ja, aber wie wollt ihr das denn alles schaffen?«, meinte sie. Das war die große Frage.

»Am besten, ich rufe schnell Magdalena an, sie wird wissen, was wir brauchen. Ich melde mich später.«

Meine Schwester freute sich unendlich für uns. »Macht euch keine Gedanken!«, sagte sie. »Ich packe gleich alles zusammen, Strampler, Jäckchen … Ich hab auch einen Maxi-Cosi für euch. Und ich kann die Wiege von den Eltern mitbringen, wenn du willst.«

Und ob ich wollte! Ich hatte mir so gewünscht, dass mein Kind in der Wiege schlafen würde, in der ich selbst die ersten Monate meines Lebens gelegen hatte. Ich erinnerte mich, dass meine Mutter sie vor Jahren hervorgeholt hatte, damals, als wir den Sozialbericht bekommen hatten. Sie war aus Holz geschnitzt, mit einem cremefarbenen Stoffhimmel, den meine Oma damals für mich genäht hatte.

»Super. Ich bin so froh, dass du kommst«, sagte ich und atmete auf.

Als Kinderkrankenschwester und zweifache Mutter wusste Magdalena, worauf es ankam. Sie würde uns wichtige Tipps geben und unser Vertrauen stärken, dass wir das schon schaffen würden.

»Ich fahre in spätestens einer Stunde los und bin dann am Abend bei euch. Einen Schlüssel von der Wohnung habe ich ja«, sagte sie. »Und, Tobias: Ich freu mich so für euch und kann es kaum erwarten, den kleinen Engel zu sehen.«

»Magdalena ist quasi schon unterwegs«, sagte ich zu Marc, als ich aufgelegt hatte.

»Prima! Dann ruf ich jetzt zu Hause an.«

Wie ich hatte auch Marc am Abend zuvor daheim angerufen, ohne Näheres sagen zu können.

»Wir haben einen Sohn«, sagte Marc, als seine Mutter sich meldete, und klang so stolz.

Judith war sprachlos vor Freude. Sie hatte dem Anruf so entgegengefiebert.

Marc fasste sich kurz. »Wir haben jetzt keine Zeit«, sagte er. »Wir sind gerade auf dem Weg zum Einkaufen.«

Judith reagierte ganz praktisch. »Was braucht ihr denn alles? Ihr habt ja noch gar nichts zu Hause.«

»Wir sind auf dem Weg zum Möbelmarkt. Danach geht es in den Drogeriemarkt und dann ins Babyfachgeschäft. Das schaffen wir schon.«

»Ich gehe nachher einkaufen und besorge, was ihr noch braucht«, meinte sie. »Schreib mir einfach eine Nachricht.«

»Kauf was Schönes zum Anziehen, Größe 56«, rief ich. Mein Sohn sollte nicht länger als nötig in dem kratzigen Frotteestrampler stecken.

Als Nächstes rief Marc seinen Bruder an. Auch er war überglücklich für uns und bot gleich seine Hilfe an.

»Ich gehe nachher mal in den Keller und schaue, was wir alles haben«, meinte Georg. »Sagt uns einfach, was euch noch fehlt, und wir kümmern uns drum. Konzentriert ihr euch auf euren Sohn und holt ihn sicher nach Hause.«

Noch ehe wir den Möbelmarkt erreichten, hatten unsere Eltern und Geschwister Anziehsachen für die ersten drei Monate, die Wiege, eine Babyschale, einen Badeeimer und vieles mehr organisiert. Es war überwältigend.

»Brauchen wir denn überhaupt ein Bett für ihn, wenn er die Wiege hat?«, gab ich zu bedenken.

»Natürlich braucht er ein Bett. Irgendwann ist er groß

genug, um in seinem eigenen Zimmer zu schlafen. Wir sollten ihn früh an sein Bett gewöhnen, dann fällt ihm die Umgewöhnung später leichter«, erwiderte Marc.

Wir hatten schon lange ein bestimmtes Babybett im Sinn gehabt, doch längst nicht mehr daran geglaubt, dass wir es eines Tages brauchen würden.

»Das ist bestimmt ausverkauft«, stresste ich. »Das kann nicht so glattgehen.«

Marc ging nicht drauf ein, parkte das Auto möglichst nah am Ausgang des Möbelmarkts, und eine halbe Stunde später standen wir mit dem gewünschten Babybett inklusive Lattenrost und Matratze, einer Wickelkommode mit Auflage, einer Babydecke plus Schlafsack, Kissen und blau-weiß kariertem Bettzeug an der Kasse. Etwas verschwitzt, die Haare zerzaust, aber schließlich waren wir effektiv.

»Das ging ja reibungslos«, gab ich zu.

»Hm«, machte Marc und schob den brechend vollen Einkaufswagen zum Auto. »Hast du dir mal überlegt, dass wir das alles noch aufbauen müssen?«

Einen Moment blieb mir der Mund offen stehen. Daran hatte ich überhaupt nicht gedacht.

»Ja, aber wann …?«, stammelte ich.

»Wir haben immer noch die Nacht«, entgegnete Marc ganz pragmatisch. »Sobald Luis da ist, können wir nicht hämmern, das ist zu laut. Also Beeilung!«

Mir schwante Böses, als ich an die ungezählten Stangen des Gitterbettchens dachte. Hoffentlich mussten wir die nicht einzeln anschrauben!

Als Nächstes ging es zum Drogeriemarkt, er lag zum Glück gleich auf dem Weg.

»Was brauchen wir?«, überlegte Marc.

»Windeln, Fläschchen, Milch«, antwortete ich wie aus der Pistole geschossen. »Schnuller.«

Das würde schnell gehen, hier konnten wir ein wenig Zeit wettmachen. Marc und ich nahmen jeder einen großen Einkaufswagen und steuerten die Babyabteilung an.

Vier Gänge, doppelseitig hohe Regale, jedes mit drei Fächern voll von Dingen, die wir brauchten. Oder auch nicht.

»Puh«, ächzte ich und blickte mich fragend um.

Völlig verloren fuhren wir die Regale ab, zögerten, fuhren weiter, hielten wieder an, zuckten hilflos die Schultern. Alles in allem sahen wir wohl ziemlich so aus wie die Chaoten in dem französischen Spielfilm »Drei Männer und ein Baby«. Wir hätten ein Remake drehen können.

»Das darf doch nicht wahr sein!«, stöhnte ich. Allein für Neugeborene gab es drei verschiedene Sorten Windeln von der Premiummarke und genauso viele von der Hausmarke. Dazu eine Auswahl an Konkurrenzprodukten. »Wie viele verschiedene Windeln haben die denn noch? Und Schnuller? Und Fläschchen?«

Völlig überfordert irrten wir umher, lasen die Beschreibungen und ließen kostbare Minuten verstreichen. Dann sprach uns eine Mitarbeiterin an.

»Kann ich Ihnen helfen?«, fragte sie.

»Ja, bitte«, sagte Marc, und eine Spur von Verzweiflung schwang in seiner Stimme mit.

»Wir haben gerade ein Kind bekommen«, schob ich erklärend hinterher.

»Gratuliere! Wie schön für Sie und Ihre Familie! Was hat denn Ihre Frau gesagt, was Sie besorgen sollen?« Fragend sah sie Marc an, dann mich. Ihr Blick flackerte irritiert, und sie zog die Stirn leicht in Falten.

»Es gibt keine Frau«, sagte ich automatisch. »Wir beide haben ein Kind bekommen.«

»Ah … aha … verstehe«, sagte sie. »Dann … ja, dann kommen Sie mal mit.« Sie nahm mich bei der Hand. Ich hatte keine Ahnung, was sie dachte, und es war auch ziemlich egal. Die Hauptsache war, dass sie Licht in das Mysterium von Windeln & Co. brachte.

Zielsicher steuerte sie ein Regal an. »Junge oder Mädchen?«

»Wir haben einen Sohn«, antworteten Marc und ich gleichzeitig.

»Wie alt?«

»Drei Tage.«

»Drei Tage. Dann nehmen wir diese hier … und am besten gleich noch eine Größe mehr.«

Marc und ich luden mehrere Großpackungen in den ersten Wagen. Besser zu viel als zu wenig, gerade bei Windeln.

»Das Milchpulver hat die Krankenschwester notiert«, sagte ich und zeigte der Verkäuferin den Zettel. Im zweiten Gang wurden wir fündig.

Weiter ging es zu den Fläschchen. »Plastik oder Glas?«, fragte sie und klang inzwischen richtig euphorisch. Wir waren bestimmt die Kunden des Tages.

Marc und ich blickten uns fragend an und zuckten die Schultern.

»Was ist denn besser?«, wollte Marc wissen.

Zehn Minuten später waren wir Experten nicht nur in Sachen Fläschchen, sondern wussten auch alles über Sauger, Schnuller, Aufbaumilch, Wundschutzcremes, Extra-Sensitiv-Waschmittel, Babytees, Stoff- und Wegwerfwindeln. Ich lernte den Vorteil von Ölen gegenüber Lotionen kennen und wusste, welche Feuchttücher parfüm- und allergenfrei waren.

Währenddessen hatten sich die Regalreihen merklich geleert. Marc und ich beschlossen, noch nachzulegen. Wir wussten nicht, was in den nächsten Tagen und Nächten auf uns zukommen würde. Besser, wir waren für alle Eventualitäten gewappnet.

Als wir die Sachen aufs Band an der Kasse legten, fragte ich mich, warum um alles in der Welt wir ein Badewasserthermometer kaufen sollten. Das fühlte man doch, ob das Wasser zu warm war. Aber dann war das Teil über den Scanner gewandert, und was wusste ich schon? Schaden würde es jedenfalls nicht.

Viel Platz war nicht mehr im Auto, als wir unsere reiche Ausbeute aus dem Drogeriemarkt verladen hatten.

»Wir müssen weitermachen«, drängte ich.

»Was brauchen wir denn noch?«, fragte Marc.

Ratlos standen wir am Heck des Wagens, den Blick auf unsere stattlichen Einkäufe gerichtet.

»Wir haben noch überhaupt nichts zum Anziehen«, sagte ich dann. Der Klinikstrampler mit dem ausgeblichenen Elefanten und den orangefarbenen Ziernähten kam mir nicht ins Haus. »Wir … wir brauchen einfach ALLES!«, schob ich hinterher. »Socken. Bodys. Strampelhosen. Jäckchen, Mützen …« Ich schnappte nach Luft und spürte einen Anflug von Panik, als ich auf die Uhr sah. »Wir haben viel zu viel Zeit im Drogeriemarkt verplempert. Für Badethermometer und all solchen Quatsch …«

»Keine Panik«, sagte Marc, aber überzeugend klang er nicht. »Also auf zum Babygeschäft. Ich fahre wohl besser.«

Der Laden zog mich völlig in den Bann. All die Spieluhren, die bunten Mobiles, die Kuscheltiere, die sanften Farben und samtigen Stoffe … Doch es blieb keine Zeit, sich in Ruhe umzusehen. Zielstrebig steuerten wir auf die Kleiderständer mit den Stramplern zu.

Leider war in Luis' Größe die Auswahl eher gering und optisch überhaupt nicht so, wie ich mir das vorgestellt hatte. Während Marc Bodys, Söckchen, Mützen, Jacken und einen warmen Overall in seinen Einkaufskorb lud, machte ich die Verkäuferin verrückt, denn ich wollte unbedingt einen besonders schicken Strampler haben.

Zu meiner und ziemlich sicher auch zu ihrer Erleichterung fand sie noch ein schönes Einzelstück von Steiff an der Kasse, weiß-grau gestreift, mit einem kleinen Kragen und passender Jacke. Luis war es egal, da war ich mir sicher, aber mir nicht. So war ich halt.

Währenddessen stöberte Marc einen kleinen Stoffhasen auf, dessen Körper aus einem blau-weiß karierten Schmusetuch bestand, passend zur Bettwäsche und unserem Prinzenkissen. Der musste auch mit.

»Haben Sie denn ein Sterilisationsgerät für die Fläschchen?«, fragte die Verkäuferin. Ich sah Marc an und zog die Braue hoch. Meine Mutter hatte die Fläschchen und Sauger immer in einem großen Topf ausgekocht, da musste kein spezielles Gerät her.

»Haben wir ansonsten alles?«, fragte Marc. Die Zeit drängte, er wollte zurück zu Luis, und mir ging es ebenso.

»Ich schau mal rasch, ob Magdalena geschrieben hat, was sie mitbringt«, meinte ich und checkte meine Nachrichten.

»Sie ist schon losgefahren. Sie bringt die Wiege mit, verschiedene Anziehsachen, den Maxi-Cosi und einen Babybjörn zum Tragen.« Ich sah auf, warf einen Blick auf unsere Einkäufe. Irgendetwas fehlte.

»Kinderwagen!«, sagten Marc und ich gleichzeitig.

Hatte die Auswahl der Windeln uns halb verrückt gemacht,

so brachte uns das Angebot an Kinderwagen dicht an den Rand der Verzweiflung.

»Kommen Sie doch mit zu unserer Teststrecke dort hinten«, schlug die Verkäuferin vor. »Da können Sie ausprobieren, wie die einzelnen Modelle sich fahren.«

Marc hielt mich zurück. »Wir nehmen den hier, der hat die ideale Höhe.«

»Aber die Farbe gefällt mir nicht«, sagte ich.

»Möchten Sie nicht vielleicht Ihre Frau mitbringen? Wir haben auch schöne Blumenmuster, schauen Sie mal hier …«

»Haben Sie vielleicht auch etwas Dezentes? Blockstreifen?« Schließlich würde ich Luis täglich darin herumfahren, da sollte ich doch wohl ein Wort mitzureden haben.

»Wir nehmen den grauen«, sagte Marc, und bevor ich etwas einwenden konnte, sprach er das Zauberwort, das mich zurück in die Realität katapultierte: »Krankenversicherung.«

Ich wurde blass. Verdammt. Das hätte ich fast vergessen. Ich warf einen leicht panischen Blick auf die Uhr: zwanzig vor vier.

Eine Viertelstunde später machten wir uns endlich auf den Heimweg.

Während der Fahrt rief ich bei der Krankenversicherung an. Wegen meines österreichischen Arbeitsvertrags stellte sich die Sache als hochkompliziert heraus, und man verwies mich an das Finanzamt. Normalerweise stellte eine Schwangere in Österreich vor der Geburt beim Finanzamt einen Antrag auf Familienbeihilfe. Über diese gesetzliche Leistung wurde auch die Mitgliedschaft in der Krankenkasse geregelt. Wegen der ganzen Amtswege konnte das Wochen dauern. Wochen, die wir nicht hatten! Der Beamte beim Finanzamt, ein Herr Harthuber, blieb stur, er könne das Verfahren nicht beschleunigen. Auf mich wirkte er so, als wolle er das auch gar nicht.

»Was sollen wir denn jetzt machen?«, fragte ich Marc verzweifelt.

»Ruf noch mal bei der Krankenkasse an, vielleicht wissen die eine Lösung«, schlug er vor.

Inzwischen war es zwanzig nach vier. Angespannt wartete ich, dass meine Sachbearbeiterin den Anruf entgegennahm. Hoffentlich war sie überhaupt noch am Platz.

Nach mehrmaligem Klingeln meldete sie sich, und ich erklärte ihr die Situation.

»Da muss ich Rücksprache beim Abteilungsleiter halten«, sagte sie. »Kann ich Sie morgen erreichen?«

»Nein!«, rief ich. »Ich brauche die Bescheinigung in aller Frühe, am besten heute noch. Sonst dürfen wir unser Kind nicht mit nach Hause nehmen.«

Zum Glück hatte sie ein Herz für unsere Belange. Ich bekam eine Bestätigung über die Versicherung zugemailt, jedoch nur vorläufig, für die nächsten drei Wochen. Bis dahin sollte die Angelegenheit mit der Familienbeihilfe geregelt sein, dachte ich – naiverweise.

Nachdem wir eine weitere halbe Stunde im Berufsverkehr gestanden hatten, kamen wir endlich zu Hause an. Wir stürmten mit all den Sachen in die Wohnung, verteilten die Einkäufe wahllos auf irgendwelche Ecken. Es war ein einziges Chaos.

»Wir können es ihm doch nach und nach schön machen«, sagte Marc mit vorsichtigem Optimismus.

»Ja, schon, aber wir haben keine Ahnung, was wirklich auf uns zukommt in den ersten Wochen«, entgegnete ich.

Wir konnten die Situation jedoch nicht ändern. Hätten wir Jahre zuvor ein Zimmer für unser Kind eingerichtet, hätte uns das nur noch weiter zermürbt, weil wir der Hoffnung einen konkreten Rahmen gegeben hätten. Einen Rahmen, der über Monate und Jahre leer geblieben wäre und uns täglich an unser vergebliches Warten erinnert hätte.

Ich warf einen Blick auf all die Schachteln, Kartons und Tüten. »Das meiste ist da, und wenn noch was fehlt, wird unsere Familie uns helfen.«

Marc nickte. Dann musste er lachen. »Wir haben ganz schön neben uns gestanden, vorhin im Laden.«

»Ja«, sagte ich und grinste. »Solche Kunden wie uns haben die bestimmt nicht alle Tage.«

Und dann gab es nur noch eines: rechtzeitig bei Luis sein. Ihn wieder im Arm halten, ihn zum ersten Mal füttern, wickeln, in den Schlaf wiegen. Plötzlich, nach diesen Stunden voller Druck und Hektik, in denen wir alles ausgeblendet hatten, um zu funktionieren, flog das Glück uns an. Unser Sohn wartete auf uns, keine dreißig Autominuten von uns entfernt!

Wieder bei Luis

Es war schon dunkel, als wir ins Krankenhaus zurückkehrten. Der Wind wehte mir eisig in den Kragen meiner Jacke. Schnell liefen wir zum Eingang und dann weiter, durch das Labyrinth der Krankenhausflure zur Neugeborenenstation.

Am Morgen waren wir voller Anspannung gewesen, hatten es kaum glauben können, dass wir einen Sohn bekommen sollten. Ich hatte Panik gehabt, es könne ein Wunschtraum sein, aus dem ich unsanft aufwachen würde, in eine kalte Realität hinein. Jetzt aber hatte sich alles gewendet. Ein völlig neuer Lebensabschnitt stand uns bevor. Überwältigendes Glück.

Wir meldeten uns im Stationszimmer. Eine junge Schwester trat zu uns.

»Wir haben für heute Abend ein Zimmer für Sie frei gehalten. Da zeigen wir Ihnen, wie man Luis wickelt und ihm sein Fläschchen gibt. Sie können sich so viel Zeit nehmen, wie Sie wollen.«

Luis schlief, als wir an sein Bettchen traten. Er sah so friedlich aus, wie er in seiner Traumwelt dahindriftete. Behutsam nahm Marc ihn hoch. Kurz regte er sich, dann schlief er auch schon weiter.

»Legen Sie ihn am besten auf den Wickeltisch«, meinte die Schwester. Die Wärmelampe war schon eingeschaltet. Marc und ich zogen ihm den Strampler aus.

Zum ersten Mal sahen wir, wie klein er wirklich war. Die Haut war so weich, die Füße so winzig. Ich strich ihm über die Fußsohlen und massierte sie sanft, während Marc die Windel wechselte.

Luis regte sich, er wachte auf. Als er die Augen weit öffnete, strahlten wir ihn an, begrüßten ihn. Was wohl in ihm vorgehen mochte?

Während wir ihn wieder anzogen, wurde er unruhig.

»Er hat Hunger«, erklärte die Schwester. Sie zeigte uns, wie man das Fläschchen zubereitete und ihn hielt, während er trank.

Luis hatte definitiv Hunger, er zischte die Milch zügig herunter. Ich legte ihn an meine Schulter, hielt mit der einen Hand sein Köpfchen und tätschelte ihm mit der anderen den Rücken, sodass er aufstieß.

»Sie kennen sich aus mit Babys«, sagte die Schwester. »Dann kann ich Sie ja jetzt mit ihm allein lassen.«

»Müssen wir ihn schon wieder hinlegen?«, fragte ich.

»Nein, er kann bei Ihnen im Arm oder in seinem Bettchen schlafen.«

Marc und mir wäre eher der Arm abgefallen, als dass wir Luis zurück in sein Bett gelegt hätten.

Abwechselnd trugen wir ihn ein Weilchen umher, dann setzten wir uns zusammen auf ein kleines Sofa. Wir erzählten ihm, wie lieb wir ihn hatten und dass wir immer für ihn da sein würden. Natürlich verstand er uns nicht, wir sprachen jedoch ganz instinktiv mit ihm. Während der Schwangerschaft waren ihm die Stimme seiner leiblichen Mutter und ihr Herzschlag vertraut gewesen. Jetzt war es wichtig, dass er unseren Herzschlag spürte und den Klang unserer Stimmen in sich aufnahm, die ihm Halt geben sollten in seiner Welt. Er sollte sich nicht alleingelassen fühlen. Wir wollten ein Netz aus Liebe weben, damit er sich in jeder Sekunde seines Lebens aufgefangen wusste. Und so erzählten wir ihm, was immer uns in den Sinn kam: dass seine Tante schon auf dem Weg sei und wie sehr sich seine Omas und Opas, die Urgroßeltern, Onkel und Tanten auf ihn freuten. Wir versprachen ihm auch, dass wir es ihm zu Hause ganz schön machen würden, damit er es gemütlich hätte, auch wenn das, realistisch betrachtet, einige Tage dauern könne.

Wenn er die Augen öffnete, schien es uns, als würde er uns zuhören. Alles wirkte so vertraut, so als hätten wir ihn schon immer gekannt, und innerlich staunte ich, wie es sein konnte, dass wir in diesen wenigen Stunden dermaßen zusammengewachsen waren.

»Was meinst du, warum hat Frau Pacher gerade uns für Luis ausgewählt?«, flüsterte Marc mir zu.

»Das habe ich mich auch schon gefragt, heute Morgen, im Stillzimmer«, flüsterte ich zurück. »Es fühlt sich irgendwie so richtig an. Als wäre er unser eigener Sohn.«

»Das ist er ja jetzt auch«, sagte Marc, und wir nahmen jeder eine Hand von Luis, streichelten sie und waren in diesem Augenblick so eng miteinander verbunden, wie wir es nur sein konnten.

Die Stunden verstrichen, und wir blendeten das Chaos daheim völlig aus, um uns ganz auf Luis zu konzentrieren. Nachdem wir ihn wieder gewickelt und ihm sein Fläschchen für die Nacht gegeben hatten, meinte die Nachtschwester, wir sollten ihn jetzt ruhig in sein Bettchen legen.

Ich sah auf die Uhr. Kurz nach zehn.

Wir wiegten ihn in den Schlaf und legten ihn schweren Herzens hin. Marc hatte den Stoffhasen mitgenommen und setzte ihn in sein Bettchen.

»Heute Nacht musst du noch einmal hier schlafen, aber der Hase passt auf dich auf«, sagte ich.

»Morgen früh holen wir dich ab, dann kommst du zu uns. Nach Hause«, versprach Marc. Auch er konnte sich nicht losreißen.

Wir sahen uns an. Der Abschied fiel uns unsäglich schwer. Wir zögerten ihn hinaus, streichelten die kleinen Hände, die Wangen, und als Luis wieder fest schlief, verabschiedeten wir uns ein allerletztes Mal und brachen auf, bevor wir es uns anders überlegen konnten.

Als wir im Auto saßen, sah ich aufs Handy. Der 14. Februar 2013, 22:35.

»Heute ist Valentinstag!«, rief ich überrascht, und wir mussten beide lachen. In all der Hektik hatten wir das Datum völlig vergessen.

Statt eines romantischen Abendessens würden wir Bett und Kommode aufbauen, Luis' Kleidung waschen, das Gästezimmer umräumen und alles für den nächsten Tag vorbereiten.

»Einen schöneren Valentinstag mit dir kann ich mir nicht vorstellen«, sagte ich und lehnte mich auf dem Autositz zurück. Während der Fahrt sprachen wir über Luis. Er war das schönste aller Babys, das stand fest. Seine Augen, das weiche Haar, die Fingerchen, die Füße mit den winzig kleinen Zehen … Während wir von ihm schwärmten, glichen wir, ohne es zu wissen, allen anderen frischgebackenen Eltern, die voller Stolz auf ihr Kind sind und überzeugt, dass es kein schöneres Geschenk auf Erden geben kann.

Als wir die Wohnungstür öffneten, sahen wir uns einem heillosen Durcheinander aus Kartons und Plastikverpackungen gegenüber. Mittendrin stand meine Schwester, den Schraubenzieher in der Hand, und lachte uns an. »Das Bett steht schon, ich bin gerade bei der Wickelkommode.«

Ich stieg über die Kartons und schloss sie in die Arme. Ich war so froh, dass sie da war!

Während wir gemeinsam die Schubladen zusammensetzten und Griffe anschraubten, schwärmte ich Magdalena ununterbrochen von Luis vor.

»Ich kann es kaum erwarten, ihn kennenzulernen«, sagte sie.

»Morgen früh«, versprach ich.

»Heute«, korrigierte sie mich, denn es war bereits nach Mitternacht.

Zweieinhalb Stunden später hatten wir Luis' Anziehsachen gewaschen und den Trockner angestellt. Die Wiege stand bei uns im Schlafzimmer. In der Küche hatten wir eine Ecke für Fläschchen, Milch und sämtliches Zubehör freigeräumt. Die Wickelkommode stand, die Windeln lagen parat. Über dem Bettchen hing ein Mobile.

Marc und ich brachten die Kartonagen zum Müll, Magdalena wischte den Boden. Als ich zurückkam, sah ich mich um. Ich wünschte, ich hätte Luis' Zimmer tausendmal schöner gestalten können, mit besonderen Stoffen und liebevollen Details.

»Luis ist das doch erst mal egal«, tröstete mich meine Schwester. »Er braucht euch. Und außerdem ist alles da.«

Sie hatte ja recht. Wir hatten ihm in den vergangenen Stunden ein gemütliches Nest geschaffen.

Ich holte eine Kiste aus dem Schrank. Ich hatte sie ganz hinten in einer Ecke aufbewahrt. Einmal hatte ich nicht widerstehen können und eine reduzierte Strickjacke von Ralph Lauren gekauft. Die hatte ich zusammen mit einigen Andenken, die wir für unser Kind im Lauf der Jahre gesammelt hatten, in besagte Kiste gesteckt. Jetzt stellte ich sie in ein Fach der Kommode. Dann räumten wir den Trockner aus, falteten Bodys, Strampler, Jacken und Söckchen und überzogen das Bett. Den schönen Strampelanzug von Steiff mit Jacke und Mützchen legte ich für den nächsten Morgen zurecht.

»Er braucht noch den Overall hier und eine Decke für unterwegs«, sagte Marc. Magdalena hatte mehrere Babydecken mitgebracht, einige für drinnen und eine warme, damit Luis draußen nicht fror.

»Jetzt haben wir alles«, sagte ich und ließ mich auf einen Stuhl sinken. Eine Weile saßen wir da, zu müde und erschöpft, um schlafen zu gehen. »Legt euch besser hin«, meinte Magdalena irgendwann. »Ihr braucht den Schlaf, an die Nächte mit einem Baby müsst ihr euch erst noch gewöhnen.«

Und so folgten wir ihrem Rat und konnten endlich schlafen, drei, vier Stunden lang. Und doch wünschten wir nichts als den Morgen herbei.

ᘓᔧ ᘓᔧ ᘓᔧ

Zeitig machten wir uns zu dritt in aller Frühe auf den Weg. Während der Fahrt schneite es, wir waren gezwungen, langsam zu fahren.

Als die Stationsschwester uns sah, rief sie uns zu sich.

»Die Oberärztin will mit Ihnen sprechen«, sagte sie.

Uns wurde ganz flau im Magen. War am Ende etwas mit Luis? Hoffentlich war er nicht krank!

»Sie hat gerade Visite und bittet Sie zu warten.«

»Ist mit Luis alles in Ordnung?«, fragte ich, und das Herz schlug mir bis zum Hals.

»Keine Sorge, ihm geht es super. Sie können bei ihm auf die Oberärztin warten.«

Mir fiel ein Stein vom Herzen, und wir machten uns auf den Weg zu dem Zimmer, in dem sein Bettchen stand. Wie am Abend zuvor, als wir ihn hatten allein lassen müssen, schlief er fest. Am liebsten hätte ich ihn auf den Arm genommen, doch es wartete noch genug Aufregung auf ihn, und so setzten wir uns neben sein Bettchen, und ich legte ihm eine Hand auf das Bäuchlein.

Magdalena freute sich so, ihn zu sehen. Ich war der Patenonkel ihres ältesten Sohns, und sie wollte Luis' Patentante werden. Sie streichelte seine Wange.

»Ich könnte ihn nicht lieber haben. Auch nicht, wenn er dein leiblicher Sohn wäre«, sagte sie ganz leise zu mir, und so warteten wir zu dritt an Luis' Bettchen und sahen ihm beim Schlafen und Träumen zu.

Ich wusste, was sie meinte. Es spielte keine Rolle, dass wir nicht die leiblichen Eltern waren. Marc und ich hatten uns füreinander entschieden. Die Liebe, die wir für Luis empfanden, rührte jedoch nicht daher, dass wir als homosexuelles Paar kein leibliches Kind bekommen konnten, er war kein »Ersatz«. Sein ganzes Wesen sprach etwas tief in uns an, das wir uns mit dem Verstand nicht erklären konnten. Er gehörte einfach zu uns, vom ersten Moment an, und wir gehörten zu ihm. Und das machte mich stolz und unendlich glücklich.

Als hätte er uns gespürt, wachte er auf und sah uns aus seinen großen blauen Augen an. Wieder schien er uns anzulächeln. Ich hob ihn aus dem Bettchen, nahm ihn auf den Arm, und Marc und ich redeten leise mit ihm.

Ihm schien es zu gefallen, und er blieb wach, ohne unruhig zu werden, und lauschte unseren Worten.

Dann trat eine junge Ärztin ins Zimmer. »Ich will mich nur von Luis verabschieden.« Sie kannte unseren Sohn seit dem Morgen nach seiner Geburt und erzählte uns, wie aufgeweckt er sei. Inzwischen hatte sich herumgesprochen, dass Luis von einem homosexuellen Paar adoptiert werden sollte. Immer wieder mal hatte eine Schwester ohne einen erfindlichen Grund zu uns hereingeschaut, aber das machte uns nichts aus.

»Warten Sie bitte noch auf die Oberärztin«, meinte sie und verabschiedete sich.

Ich war unsicher, was die Oberärztin von uns wollte, und fragte mich, warum die Ärztin, die Luis schließlich kannte, ihn nicht entließ. Hoffentlich war wirklich alles in Ordnung!

Dann endlich kam auch die Oberärztin. Sie stellte sich vor und kam gleich zum Punkt.

»Ich wollte Sie fragen, wie Sie das fertiggebracht haben, ein Kind zu adoptieren. Ich habe zwei gute Freunde, die sind auch schwul und wünschen sich schon länger ein Kind.«

Mir fiel ein Stein vom Herzen. In irgendeinem Winkel meines Herzens hatte ich noch immer Angst gehabt, ob wir Luis tatsächlich mit nach Hause nehmen durften, als unser Kind. Bereitwillig erzählten wir ihr unsere Geschichte, die uns schlussendlich hierhergeführt hatte.

»Danke für Ihre Informationen. Ich gebe sie den beiden weiter. Aber jetzt kommen Sie doch mit ins Untersuchungszimmer. Ich würde gern die U2 mit Luis machen. Danach können Sie ihn mit nach Hause nehmen.«

Marc, Magdalena und ich schauten zu, während Luis gründlich untersucht und seine Reflexe geprüft wurden. Sein Hörvermögen und auch die Stellung des Hüftgelenks waren völlig normal. Die Oberärztin entnahm einen Tropfen Blut aus der Ferse und gab ihm Vitamin K.

»Die Laborergebnisse habe ich in etwa einer halben Stunde. Warten Sie am besten in seinem Zimmer.«

Ich zog ihm seinen schönen neuen Strampler an. Auf dem

Flur kam uns eine fremde Frau entgegen und lächelte uns breit an.

»Ich habe gehört, Sie sind die Eltern von Luis. Möchten Sie nicht ein Fotoshooting mit ihm machen?«

Leicht überrumpelt folgten wir ihr zum Ende des Flurs, wo sich eine Art Studio befand. Wir setzten uns vor die Standardkulisse und ließen uns ablichten. In gewisser Weise waren es so gar nicht die Bilder, die uns vorschwebten. Und doch hielten sie fest, wie überglücklich wir in diesem Augenblick waren – und wie fertig ich nach den emotional aufwühlenden Stunden und dem Schlafmangel aussah. Ich sehnte mich danach, endlich nach Hause zu kommen, wollte den Tag mit Luis verbringen, ein wenig schlafen, wenn er es auch tat, und mein Leben ganz auf ihn einstimmen. Fotos, wie wir sie uns wünschten, könnten wir auch in den nächsten Tagen noch machen.

Schließlich kehrte die Ärztin zu uns zurück, händigte uns das Untersuchungsheft aus und versicherte uns, dass Luis kerngesund sei.

»Schauen Sie doch mal wieder vorbei«, meinte sie. »Ich wüsste gern, wie es Ihnen dreien weiterhin ergeht.«

Und damit war Luis entlassen, in unsere Obhut, in unsere Familie. Für einen Moment wurde mir heiß und kalt zugleich. Ich atmete tief durch.

Marc zog Luis den Overall über, wir legten ihn in den Maxi-Cosi und bedankten uns bei den Schwestern. Dann machten wir uns auf den Heimweg.

Draußen hatte es aufgehört zu schneien. Die Wolkendecke, die in den letzten Tagen so schwer über der Stadt gelastet hatte, brach auf.

Luis verschlief die Fahrt durch die Stadt. Als wir vor dem

Haus parkten und aus dem Auto stiegen, wagte sich ein Sonnenstrahl hervor. Ich blickte hinauf, zur Sonne, und sah, wie der Wind einzelne große Schneeflocken herbeiwehte.

Tief atmete ich die kühle Luft ein. Dann schloss Marc die Tür auf, und wir brachten unseren Sohn nach Hause.

Der erste Tag, die erste Nacht

Luis verschlief den feierlichen Moment, als wir ihn über die Schwelle der Wohnung trugen. Wir hießen ihn willkommen in unserem Leben, das er bereits völlig auf den Kopf gestellt hatte, und ich hätte die ganze Welt umarmen können vor Glück.

Marc stellte den Maxi-Cosi auf den Boden und hob Luis heraus. Behutsam schälten wir ihn aus dem Overall, und ich nahm ihn auf den Arm und stützte seinen Kopf, der ihm noch zu schwer war, um ihn selbst halten zu können.

Bald war wieder Zeit für sein Fläschchen; während Marc sich um ihn kümmerte, bereitete ich in Magdalenas Beisein alles vor. Ich wollte nicht, dass Luis warten und am Ende schreien musste.

Nachdem er getrunken hatte, blieb er wach, und so trugen wir ihn umher, erzählten ihm alles über sein neues Zuhause und zeigten ihm sein Zimmer.

Später, als er eingeschlafen war, legten wir ihn abwechselnd auf unsere Brust, damit er unseren Herzschlag spürte.

Und so drehte sich der ganze Tag um ihn, seine Wach- und Schlafphasen, die Mahlzeiten, das Wechseln der Windeln. Wir machten es ihm so behaglich wie möglich, damit er die Tage, die er allein im Krankenhaus verbracht hatte, hinter sich lassen konnte und in sein neues Leben hineinfand. Auch wenn seine leibliche Mutter ihn nicht hatte behalten können, war er unser absolutes Wunschkind, und das sollte er auch spüren.

Wir hatten nur wenig über die leibliche Mutter erfahren, wussten, dass sie alleinstehend war und sich aus wirtschaftlichen Gründen nicht um ihr Kind hätte kümmern können. Sie hatte ihm den Namen mitgegeben und war dann aus seinem Leben verschwunden. Wir waren ihr so dankbar, dass sie uns die Chance gegeben hatte, Luis unsere Liebe zu schenken und die Verantwortung für sein Wohlergehen zu übernehmen.

Jeglichen Gedanken an die Acht-Wochen-Frist verdrängten wir eisern. Wenn wir ihn wieder fort, in ihre Hände geben müssten, würde es uns das Herz zerreißen. Wir konnten ja nicht anders, als ihn uneingeschränkt zu lieben.

Meine Schwester gab mir ein sicheres Gefühl. Luis kam uns so zart, so zerbrechlich vor. Da wir uns ursprünglich für eine Auslandsadoption beworben hatten, hatte die Notwendigkeit eines Säuglingspflegekurses nie bestanden. Ein Kind aus Südafrika wäre mindestens sechs Monate alt gewesen, wahrscheinlich aber älter, da immer zuerst für sechs Monate im Land selbst nach geeigneten Adoptiveltern gesucht wurde. Dass Luis noch so klein war, rief sämtliche Beschützerinstinkte in uns wach. Zugleich bedeutete es eine große Chance für ihn, dass er gleich nach der Geburt Eltern gefunden hatte. Noch hatte er keine starke Bindung zu seiner leiblichen Mutter oder einer anderen Person aufgebaut, und so würde er unter der Trennung nicht übermäßig leiden. Babys im Alter von bis zu vier Wochen sind ganz darauf ausgerichtet, dass ihre Bedürfnisse erfüllt werden, und daher konzentrierten wir uns darauf, genau das zu tun. Wir spürten, wie er auf uns reagierte, und versuchten ihm Vertrauen zu schenken, indem wir fortwährend für ihn da waren. Wir wollten alles richtig machen, und in diesen Stunden und den folgenden Tagen bedeutete dies, ihm Nähe zu schenken. Hinzu kam die Tatsache, dass wir ein schwules Paar waren und das Gefühl hatten, uns gewissermaßen beweisen zu müssen.

»Ihr macht das super«, sagte meine Schwester immer wieder, wenn wir ihn wickelten, ihm seine Mahlzeit gaben, darauf achteten, dass er nicht zu schnell trank, und seinen Bauch massierten. In einer ruhigen Minute meinte sie: »Weißt du, Tobias, was auch auf dich zukommt, triff die Entscheidung, was zu tun ist, immer aus dem Bauch heraus. Lies nicht zig Bücher, die verunsichern dich nur. *Ein* gutes reicht. Und ansonsten lass deine Intuition zu Wort kommen.«

Wie wichtig dieser Rat war, sollte sich in den kommenden Monaten noch zeigen.

An diesem ersten Tag aber schwebten wir geradezu vor Harmonie. Manchmal beobachtete ich Marc, er war so zärtlich, wenn er Luis streichelte und ihn an sich schmiegte. Zugleich wusste ich, dass er alles für ihn tun würde, um ihn zu schützen.

Als Luis sein Abendfläschchen bekommen hatte und eingeschlafen war, überfiel uns die Müdigkeit, und wir beschlossen, uns auch hinzulegen.

Ich war gespannt auf die Nacht. Hoffentlich machten wir alles richtig!

Der Stubenwagen stand neben meiner Seite des Betts. Wir entfernten die Stoffumrandung ein Stück weit, sodass wir ihn betrachten konnten. Lange sahen wir ihn an, beobachteten jede noch so kleine Regung und versuchten von seinem Gesicht, seinen Händen abzulesen, ob er träumte. Irgendwann fielen auch uns die Augen zu.

Mitten in der Nacht weckte mich ein Quengeln. Einen Herzschlag lang musste ich mich orientieren, dann war ich hellwach. Ich weckte Marc. Er nahm Luis hoch, während ich in die Küche stürmte. Ich suchte den Messlöffel, fand ihn, gab Pulver in die Flasche, heißes Wasser dazu und rührte um. Die Milch war ja viel zu heiß!

Marc trug Luis, der langsam ungeduldig wurde, und versuchte ihn zu beruhigen. Endlich war das Fläschchen abgekühlt, sodass er trinken konnte. Während Marc sich wieder ins Bett legte, lief ich mit Luis auf dem Arm umher und tätschelte ihm den Rücken, bis er einschlief und ich ihn in die Wiege legen konnte.

Ich lauschte seinen regelmäßigen Atemzügen. Auch Marc war wieder eingeschlafen, doch ich war hellwach. Rasch wusch ich das Fläschchen aus, dann legte ich mich hin und versuchte mich zu entspannen. Vergebens. Das Adrenalin pumpte durch meinen Körper. Zum ersten Mal hatte Luis geweint. Wir mussten das besser hinbekommen. Es dauerte, bis ich endlich in den Schlaf glitt, von unruhigen Träumen begleitet.

Drei Stunden später wiederholte sich das Prozedere. Diesmal wurde ich gar nicht richtig wach. Mein Körper schien wie in Trance, während ich das Fläschchen zubereitete. Ich konzentrierte mich auf jeden Handgriff und war froh, dass dieses Mal Marc Luis fütterte und ich mich hinlegen konnte.

»Wir müssen das irgendwie optimieren«, flüsterte Marc, als Luis wieder eingeschlafen war. »Er muss viel zu lange auf sein Fläschchen warten. Das geht so nicht weiter.«

»Lass uns morgen darüber sprechen«, murmelte ich und war kurz darauf eingeschlafen. Bis es sechs Uhr war und Luis auf die Minute genau munter wurde.

Am nächsten Morgen schlug meine Schwester vor, dass wir alles einmal zusammen machten: Luis im Kinderwagen spazieren fahren, ihn baden, ihm die Nägel schneiden. Wenn wir uns sicher fühlten, würde sie nach Hause fahren.

Es war Samstag, die Sonne schien, und wir beschlossen, zusammen einen Spaziergang zu machen.

»Hast du eine Wickeltasche?«, fragte Magdalena.

»Nicht wirklich«, sagte ich. Im Babygeschäft hatte die Verkäuferin uns mehrere Modelle gezeigt, allesamt mit fröhlichem Blumendekor oder lustigen bunten Tierchen. Das ging gar nicht.

Marc kam schließlich mit einer nagelneuen sportlichen Laptoptasche an, einem Werbegeschenk seiner Firma. Mit ihren vielen Fächern war sie einfach perfekt. In das vordere Fach steckte ich die Wickelutensilien, einen Ersatzbody und Schnuller, in das hintere eine Thermoskanne mit heißem Wasser, Milchpulver und ein Fläschchen.

Nachdem alles gepackt war, warteten wir, dass Luis aufwachte, damit wir ihm seine Mahlzeit geben konnten. Anschließend hätten wir drei Stunden Zeit, um ihn in aller Ruhe spazieren zu fahren, ohne unterwegs einen warmen Platz zum Wickeln und Füttern finden zu müssen.

Als er so weit war, zogen wir ihm seinen Overall über, legten ihn in den Kinderwagen und machten uns auf den Weg zum Wochenmarkt. Es war ein kalter, doch sonniger Februartag. Marc schob den Kinderwagen, und wir waren ungeheuer stolz, wie wir da mit Luis durch die Straßen zogen.

Zwischendrin fühlte ich immer wieder in Luis' Nacken, ob ihm warm genug war und er auch nicht schwitzte. Er schlief die ganze Zeit, und doch hatten wir das Gefühl, dass er es genoss, herumkutschiert zu werden. Sein Gesicht schaute aus der Kapuze des Overalls hervor, und er wirkte ganz entspannt, satt und zufrieden.

Beim Drogeriemarkt machten wir halt. Ich ahnte schon, dass dies in den nächsten Wochen und Monaten mein Hauptziel werden würde. Zwar würden wir noch eine Weile von unserem Großeinkauf zehren, doch es gab hier alle möglichen nützlichen Dinge, deren Wert ich am Tag zuvor, während unseres hektischen Einkaufs, noch verkannt hatte. Um in der Nacht nicht spülen zu müssen, kauften wir weitere Fläschchen und Sauger und dazu einen Messbecherturm, in dem wir mehrere Rationen an Milchpulver vorbereiten konnten. Das würde uns nachts Zeit sparen.

Ich konnte mich beim besten Willen nicht daran erinnern, ob wir am Tag zuvor überhaupt etwas gegessen hatten. Jetzt spürte ich Hunger, und wir kauften ein Baguette und Käse.

»Lass uns dort drüben etwas trinken«, schlug Marc vor und deutete auf den Platz, an dem ein Bistro geöffnet hatte.

Das schöne Wetter hatte alle nach draußen gelockt. Wir fanden noch einen freien Hochtisch am Rand, sodass wir den Kinderwagen neben uns abstellen konnten, und orderten eine Runde Aperol Spritz.

»Das hat schon Vorteile, nicht stillen zu müssen«, sagte Magdalena und prostete uns zu.

Keine Woche zuvor hatten Marc und ich noch in der Hitze in Camps Bay gesessen und den vorletzten Urlaubstag ausklingen lassen. Wir hatten losgelassen, völlig losgelassen und unser Leben akzeptiert, wie es war. Doch dann hatte das Schicksal uns eingeholt und dieses unglaubliche Geschenk gemacht. So ganz konnte ich es immer noch nicht fassen, was geschehen war, seit wir aus Südafrika zurückgekehrt waren.

Es war eigentümlich. Im Grunde erging es uns ganz ähnlich wie Heteropaaren, die vergeblich darauf gewartet hatten,

Eltern zu werden, die mit dem Wunsch, mit der Hoffnung abgeschlossen hatten – und dann plötzlich feststellten, dass sie wider alle Erwartungen ein Kind bekamen. Wir waren so dankbar und vom Glück gesegnet, und dieses Gefühl begleitet uns noch immer.

Am frühen Abend, als Luis in der Wiege lag, sprach ich mit Marc. Die Stunden waren so schnell verstrichen. Es war ein anstrengender und zugleich erfüllender Tag gewesen. Ich hatte weder etwas für Marc noch für mich getan, und ihm war es ganz ähnlich ergangen. Luis bildete den Mittelpunkt unseres Lebens, ich ließ alles stehen und liegen, um in seiner Nähe zu sein. Ich war wie verzaubert, wenn ich ihn beobachtete. Luis' Hände waren meist offen, nur manchmal ballte er die kleinen Fäuste, streckte sich ein wenig und sank dann noch tiefer in den Schlaf.

Wir mussten uns förmlich losreißen von ihm, um die wichtigsten Dinge zu erledigen. Vor allem mussten wir endlich unseren Familien und Freunden erzählen, was genau sich zugetragen hatte. Sie standen alle parat, um zu helfen, und wollten natürlich Luis kennenlernen.

Wir beschlossen, das Wochenende mit ihm und Magdalena allein zu verbringen. So lieb ihn alle jetzt schon hatten – er brauchte Ruhe, um anzukommen, und wir brauchten sie auch.

Unser Plan war, mit Magdalenas Hilfe die nächsten drei Tage vorzubereiten und dann zu sehen, wie wir zurechtkamen.

Vor allem galt es, eine bessere Lösung für die Nacht zu finden.

Marc hatte eine Idee, um lange Wege in die Küche und Wartezeiten zu vermeiden. Am Abend eröffneten wir im Bad unsere Milchbar: Das Milchpulver war im Messbecherturm korrekt abgefüllt. Drei sterile Fläschchen mit Sauger standen parat, dazu kamen heißes und auch kaltes abgekochtes Wasser, mit dessen Hilfe wir das Fläschchen schneller abkühlen konnten. Ums Spülen würden wir uns am nächsten Morgen kümmern.

Genial, dachte ich.

So verstrich der erste Tag mit Luis, und wir bereiteten uns auf die Nacht vor, die zweite in seinem neuen Zuhause.

Bevor Luis sein Fläschchen bekam, zeigte Magdalena uns, wie wir ihn baden sollten. Sie hatte einen durchsichtigen Babybadeeimer mitgebracht. Als ich Luis langsam ins warme Wasser gleiten ließ, wirkte er ganz aufgeregt. Er lag gut in meinen Armen, und so hielt ich ihn, während er sich immer mehr entspannte, als sei er ganz in seinem Element. Sein Körper schimmerte durch das transparente Plastik hindurch, sodass es aussah wie ein Ultraschallbild.

Dann nahm ich ihn aus dem Wasser, und Marc hüllte ihn schnell in ein Badetuch, damit er nicht fror.

Das Bad hatte Luis hungrig und müde zugleich gemacht. Als er sein Fläschchen leer getrunken hatte, fiel er gleich in den Schlaf.

»Ich zeige dir noch, wie man die Nägel schneidet«, sagte Magdalena. Zögernd griff ich nach der Schere. Doch als ich die winzigen Nägel betrachtete, kapitulierte ich.

»Mach du das, Marc«, sagte ich. »Ich kann's nicht. Ich habe viel zu viel Angst, ihm wehzutun.«

Fazit ist, dass Marc Luis noch heute die Nägel schneidet. Wobei Luis jetzt nicht mehr schläft, sondern fünf Minuten Fernsehen aushandelt, während er stillhält. So gesehen können ihm die Nägel gar nicht schnell genug wachsen. Und er setzt inzwischen noch einen drauf: »Wenn du magst, darfst du mir auch die Fußnägel schneiden, Papa. Dann kann ich länger Biene Maja schauen.«

Aber davon waren wir an unserem zweiten Abend mit Luis noch meilenweit entfernt.

Plötzlich eine Familie

Das Jugendamt hatte uns eine Liste mit zuständigen Hebammen mitgegeben und gleichzeitig gewarnt, dass ein Termin nur schwer zu bekommen sei. Magdalena hatte uns geraten, das Angebot auf jeden Fall in Anspruch zu nehmen. Die Hebamme würde Luis wiegen und uns mit nützlichen Tipps für den Alltag versorgen.

Nachdem meine Schwester nach Hause gefahren war, nahm ich mir die Liste vor und wartete auf einen ruhigen Moment, um ungestört telefonieren zu können. Marc war bei der Arbeit, und es war der allererste Tag, an dem ich mit Luis allein war. Nach zwei vergeblichen Versuchen hatte ich die zuständige Hebamme für unseren Stadtteil erreicht.

»Hallo, Tobias Rebisch am Apparat. Wir haben ein Baby bekommen, es ist acht Tage alt, und ich wollte fragen, ob Sie sich ihn anschauen möchten.«

»Ja, aber warum haben Sie sich denn nicht vorher gemeldet?«, fragte die Hebamme fassungslos. »Ich bin komplett ausgebucht und gerade unterwegs zu einer Mutter mit Zwillingen. Sie hätten noch während der Schwangerschaft einen Termin machen müssen!«

Als wenn das möglich gewesen wäre. »Luis ist adoptiert. Wir wussten vorher nichts davon«, sagte ich. Ich ahnte schon, dass ich den Spruch noch öfter aufsagen müsste.

»Ach so. Ja ... wie geht es denn Ihrer Frau mit dem Kind?«

»Es gibt keine Frau.«

Einen Moment lang herrschte Schweigen.

»Keine Frau?«

»Wir sind zwei Männer.«

»Moment, ich muss erst mal rechts ranfahren. Ich rufe Sie gleich zurück.«

Schnell sah ich nach Luis, denn bald würde er aufwachen. Zum Glück meldete sich die Hebamme wenige Minuten später.

»Also, ich finde das toll!«, redete sie drauflos. »Zwei Männer, die ein Kind adoptiert haben. Spannend! Ich bin wirklich völlig ausgebucht, aber wissen Sie was, ich komme in zwei Stunden vorbei.«

Leicht überrumpelt gab ich ihr unsere Adresse durch und verabschiedete mich.

Zwei Stunden. O weh! So bald hatte ich nicht mit Besuch gerechnet. Ich sah mich in der Wohnung um. Schnell raffte ich alles zusammen, was herumflog, und stopfte es in einen Schrank. Mein Blick fiel in den Spiegel. Wie sah ich denn aus? Völlig übernächtigt!

Ich wollte gerade unter die Dusche springen, als Luis aufwachte. Rasch gab ich ihm sein Fläschchen, wechselte die Windel und schaffte es eben noch ins Bad, bevor die zwei Stunden verstrichen waren. Als es an der Tür klingelte, fiel mir siedend heiß ein, dass ich noch keine Versicherungskarte hatte.

Alles in allem lief der Besuch positiv ab, und ich erhielt nützliche Tipps für den Alltag mit einem Baby. Luis war deutlich entspannter als ich, ließ sich wiegen und schlief seelenruhig weiter. Auch die fehlende Karte war kein Problem. Noch nicht.

෨෨ ෨෨ ෨෨

Wenn Luis schlief, und das tat er in den ersten beiden Wochen meistens, wurden wir nicht müde, ihn zu beobachten. Bald kannten wir die Signale, wenn er wach wurde, Hunger hatte oder Bauchschmerzen bekam. Im Nachhinein denke ich, dass diese Zeit besonders wichtig war, um ihm Vertrauen zu schenken. Noch konnte er seine Bedürfnisse nicht äußern, aber indem wir sie verstehen lernten, wuchs seine Sicherheit, dass wir immer für ihn da waren und uns um ihn kümmerten.

Unser Wunschtraum hatte sich erfüllt, und zugleich begann er sich erst zu entfalten. Manchmal, wenn wir Luis betrachteten, fragten wir uns, welch ein Mensch er wohl einmal werden würde, was in ihm steckte. Er wirkte auf uns sehr ausgeglichen, hielt seinen Schlaf-Wach-Rhythmus ein, und wenn er wach war, öffnete er die Augen, um alles in sich aufzunehmen. Er reagierte auf uns, und diese Kommunikation ohne Worte war auf ganz eigene Weise tief und vertraut. Schon bald begann er zu strampeln und zu brabbeln, und so, wie er wuchs, veränderte sich unser Leben.

Unsere Familien kamen uns besuchen und schlossen Luis sogleich ins Herz. Meine Mutter und auch meine Schwiegermutter, die beide leibliche Enkel hatten, erzählten uns, dass sie keinerlei Unterschied spürten. Sie hatten Luis genauso lieb wie die anderen Enkel auch.

»Ich war gespannt, ob es sich anders anfühlen würde als bei Georgs und Charlottes Kindern. Aber das Gefühl ist genau das gleiche«, erklärte Judith, Marcs Mutter, und bestätigte, was auch wir empfanden. Gewiss gab es Fälle, wo der Funke nicht übersprang, wie Frau Pacher es ausgedrückt hatte. Doch nicht bei uns, nicht bei Luis.

Wenn wir Besuch hatten von Luis' Großeltern, Onkeln und Tanten, konnte ich mich zurücklehnen, denn ich wusste, er war bei ihnen in besten Händen. Marc mochte es nicht so gern, wenn jeder Luis hochnahm, denn er war sich nicht sicher, ob ihm das überhaupt gefiel. Wahrscheinlich geht es allen Eltern so; Marc und ich waren schon bald eingespielt in unserem Umgang mit Luis, und wir wollten ihn nicht verwirren oder emotional überfordern. Doch die anderen hatten ihn ja auch lieb, wenngleich sie es auf andere Weise zeigten.

Natürlich gab es Situationen, in denen wir unterschiedlicher Meinung waren. Sollte er drinnen eine Mütze tragen oder nicht? Sollte er nicht besser in seinem Bettchen schlafen? Und war ein Schnuller gut oder schlecht für die Zahnstellung?

Ich versuchte, die dezenten Tipps nicht als Eingriff in meinen Bereich zu sehen, und machte mir stattdessen Gedanken darüber. Schließlich hatten alle unsere Verwandten schon Kinder großgezogen und verfügten über mehr Erfahrung als ich. Ich spürte allerdings, dass sie uns zutrauten, unserer Aufgabe als Papas gerecht zu werden, und das machte die Situation für mich sehr entspannt. Ich konnte loslassen und fand es auch wichtig, dass Luis mit unterschiedlichen Menschen in Kontakt kam, die ihn allesamt lieb hatten.

Im März waren wir bereit für unsere erste kleine Reise. Ich wollte unbedingt, dass meine Großeltern Luis kennenlernten. Gute drei Stunden Fahrt lagen vor uns, wenn nicht länger, denn daheim in Österreich lag noch hoher Schnee.

Die Situation stresste mich. War die Fahrt nicht zu lang für Luis? Sollte er überhaupt so viele Stunden im Maxi-Cosi liegen? Wo konnten wir haltmachen, damit er sein Fläschchen bekam? Würde er die Fahrt überhaupt vertragen? Und was, wenn er weinte und sich nicht trösten ließ? Ich konnte ihn ja nicht aus dem Autositz und auf den Arm nehmen.

Ich versuchte mich auf jede erdenkliche Situation vorzubereiten. Das Auto war vollgepackt mit Reisebettchen und Babynest. Ausgestattet mit mehreren Garnituren Extra-Kleidung und allem möglichen Zubehör, saß ich angespannt auf dem Rücksitz und wartete, was geschah. Luis aber schlief von Haustür zu Haustür, völlig unbeeindruckt von meinen Sorgen.

Voller Stolz legte ich Luis meiner Oma in die Arme. Fast neunzig Jahre Altersunterschied lagen zwischen den beiden. Meine Großeltern freuten sich unendlich über ihren Urenkel. Noch immer habe ich den Moment vor Augen, und er schenkte mir in gewisser Weise Trost, als mein Opa zwei Jahre darauf starb. Ein Teil von ihm würde in Luis weiterleben, wie ich bald darauf erkennen würde. Aber das ist eine andere Geschichte.

In den ersten Wochen wollte ich jeden Tag im Voraus perfekt organisieren. Ich versuchte, vorausschauend zu planen, so wie ich es von meiner Arbeit gewohnt war. Die Windeltasche war präpariert und wurde nach Gebrauch aufgefüllt. Ich sorgte dafür, dass immer genug Fläschchen und Sauger steril waren. Täglich ging ich die Bestände an Windeln, Feuchttüchern und Milch durch, machte mir eine Liste, wann ich was einkaufen musste. Manchmal lief alles glatt, dann hatte ich zum Beispiel nicht nur einen Ersatzschnuller dabei, sondern noch einen zweiten und konnte Abhilfe schaffen, wenn die anderen partout nicht auffindbar waren. Immer öfter gab es jedoch Situationen, die ich nicht vorhersehen konnte. Luis schlief meist nach Plan, aber nicht immer. Auf mystische Weise war er gerade dann wach, wenn ich wichtige Telefonate auf meinem Terminkalander notiert hatte, und verlangte nach meiner Aufmerksamkeit. Die Milch trank er zügig, aber manchmal spuckte er wie fast alle Babys einen Teil wieder aus. Dann musste er neu angekleidet werden, oder ich brauchte dringend ein neues Hemd. Ich war mir nicht sicher, ob er eher Hunger bekäme, wenn er nicht alles bei sich behalten hatte, und schon ging sich mein schöner, effizienter Zeitplan nicht mehr aus. Dann wollte ich mittags spazieren gehen, aber kaum hatte ich Luis angezogen, fing es an zu schütten, und ich mühte mich mit Regenschirm und Kinderwagen ab und war binnen Minuten völlig durchnässt.

In meiner Arbeit war ich es gewohnt, strukturiert vorzugehen. Wir planten Events auf Monate im Voraus. Jetzt war an manchen Tagen schon der Weg in den Drogeriemarkt eine Herausforderung. Ich musste lernen, auf die jeweilige Situation zu reagieren und auf die Erfordernisse des Augenblicks einzugehen. Das fiel mir nicht gerade leicht, und doch stand es außer Frage, dass Luis' Bedürfnisse Vorrang hatten. Einem älteren Kind kann man erklären, dass das Essen Zeit braucht, um abzukühlen. Ein Baby, das Hunger hat und warten muss, fängt an zu schreien. Wenn es zu lange warten muss, schreit es heftiger, verspannt sich, trinkt zu schnell und spuckt einen Teil wieder aus. Oder es bekommt Bauchweh. Ich wollte nicht, dass Luis um seine Grundbedürfnisse kämpfen musste. Deshalb gaben wir uns solche Mühe, die Signale zu verstehen, wann er Hunger bekam.

Unsere Milchbar für die Nacht hatte sich bereits bewährt.

Je älter Luis wurde, desto größer wurden die Abstände zwischen seinen Mahlzeiten, und er war auch länger wach. Dann holte ich ihn zu mir, ins Wohnzimmer oder in die Küche, und erzählte ihm, was immer mir in den Sinn kam. Manchmal bekam er abends Bauchweh, dann trug Marc ihn im Fliegergriff, bis Luis sich wieder beruhigt hatte und schlafen konnte.

Die Elternzeit hatte ich inzwischen beantragt. Da unsere Chancen auf eine Adoption im vergangenen Herbst gleich null gewesen waren, hatte ich mit meinem neuen Arbeitgeber nicht über unser Adoptionsverfahren gesprochen. Nun stand er vor vollendeten Tatsachen, doch die Geschäftsführerin reagierte unglaublich gelassen und schrieb:

Lieber Herr Rebisch,
herzlichen Glückwunsch zu dem entzückenden kleinen Luis!
Sie werden ihm sicherlich einen guten Start in sein Leben ermöglichen, und dabei wünsche ich Ihnen und Ihrem Mann alles Gute und viel Glück.
Wir freuen uns, wenn Sie uns auf dem Laufenden halten, und sprechen sehr gern nach Ihrer Elternzeit über einen Wiedereinstieg mit Ihnen.

Genießen Sie Ihr Familienglück!
Alles Gute
Ihre
Sabine Lang-Maier

Zehn Tage nachdem Luis zu uns gekommen war, fuhr ich nach Österreich, um eine saubere Übergabe zu machen und mein Apartment zu räumen. Es war seltsam, sich so ganz aus dem Arbeitsleben zu verabschieden. In den vergangenen Monaten hatte ich mich auf die anstehenden Projekte konzentriert, sie hatten mir über das Warten hinweggeholfen. Ich spürte einen Anflug von Wehmut, als ich an die laufenden Veranstaltungen dachte, auf die ich lange hingearbeitet hatte, ohne die Resultate miterleben zu können. Ich plante, nach

Ablauf der Elternzeit an meinen Arbeitsplatz zurückzukehren. Wie würde sich das anfühlen, zwei Jahre nicht zu arbeiten?, fragte ich mich. Zugleich trat jeder Gedanke an Arbeit angesichts unserer neuen Situation völlig in den Hintergrund. Ich begriff, wie viel Zeit und Raum ein Kind wirklich beansprucht, und war froh, dass ich mich ganz auf meine neue Rolle konzentrieren konnte.

Nachdem ich jetzt sozusagen Hausmann war, hatte ich mir ausgemalt, abends für Marc zu kochen, den Tisch schön zu decken und die Zeit mit ihm zu genießen, wenn Luis eingeschlafen war. Das entpuppte sich jedoch schnell als eine reine Illusion. In der Realität war ich froh, wenn ich das Allernötigste hinbekam.

Früher hatte ich gern viel Zeit im Bad verbracht, mich entspannt, ein gutes Buch in der Badewanne gelesen. Jetzt sprang ich schnell unter die Dusche, wenn Luis schlief, immer mit einem Ohr bei ihm, ob er auch nicht aufwachte und weinte. Alles in allem war ich froh, wenn ich es schaffte, mich zu duschen, bevor Marc nach Hause kam.

Manche Tage waren vom Chaos bestimmt. Entweder war der Verschluss des Fläschchens undicht und die Milch ergoss sich auf den Boden oder, schlimmer noch, auf die Kleidung. Luis wurde ungehalten, hatte Hunger, bekam Blähungen, weil er zu schnell trank. Dann wieder musste ich ihn gleich zweimal umziehen, weil die Windel irgendwie aufgegangen war. Täglich war die Wäsche fällig, Unmengen an Wäsche, über die ich immer wieder staunte. Dann ging auch noch die Waschmaschine kaputt. Über allem lag eine Müdigkeit, die Tiefen erreichte, von denen ich nicht gewusst hatte, dass es sie gab.

Zu allem Überfluss wurde Herr Harthuber vom österreichischen Finanzamt nicht müde, mir das Leben schwer zu machen.

Die Bearbeitung unseres Falls zog sich hin. Regelmäßig erkundigte ich mich bei der Krankenkasse nach Luis' Versichertenkarte. Die Drei-Wochen-Frist, die man uns aus Kulanzgründen zugesagt hatte, neigte sich dem Ende zu.

Ich war in Österreich geboren, hatte dort gearbeitet und Steuern gezahlt. Dennoch versuchte mich Herr Harthuber an die deutschen Behörden abzuschieben, nachdem ich dort lebte und Luis auch in Deutschland adoptiert hatte.

Ich rief beim örtlichen Jugendamt an, dort verwies man mich an die zuständige Elterngeldstelle. Auch wenn ich keinen Sinn darin sah, füllte ich den Antrag auf Elterngeld aus und bekam nach zwei Wochen den Bescheid, dass mein Antrag abgelehnt worden sei. Diesen Bescheid sandte ich nach Österreich. Wie zu befürchten, landete er auf dem Schreibtisch von Herrn Harthuber. Nachdem ich tagelang nichts hörte, rief ich an. Ich war mittlerweile in großer Sorge wegen Luis' Krankenversicherung.

Herrn Harthuber kümmerte das wenig. »Ich muss mich erst in die schwule Materie einlesen«, erklärte er in seiner gelangweilt arroganten Art und wimmelte mich ab.

Das machte mich wütend. Die Rechtslage war klar. Wozu musste er sich einlesen? Immerhin war ein Baby involviert. Was, wenn Luis krank würde? Sollte er dann ohne Versicherung dastehen?

Als Nächstes kam ein Stapel Antragsformulare mit der Post, die ich in der wenigen freien Zeit ausfüllte. Ich schickte sie per Einschreiben nach Österreich und erhielt wieder keine Antwort. Zum Glück waren wir finanziell nicht auf die Familienbeihilfe angewiesen. Nur die Krankenversicherung war das große Thema, und es stand die U3 an, die erste Untersuchung außerhalb des Krankenhauses. Ich war bereit, nach Österreich zu fahren, um persönlich vorzusprechen, aber Herr

Harthuber gab vor, keine Zeit für einen persönlichen Termin zu haben. Kein Wunder bei seinem Lesepensum.

Als Nächstes kam er auf die Idee, Marc heranzuziehen. Luis, so sein Vorschlag, sollte bei ihm versichert werden. Da wir als Homosexuelle jedoch nicht gemeinsam adoptieren durften, war Luis offiziell mein Kind. Natürlich konnte Marcs Versicherung nicht einspringen, und diesmal empfahl ich Herrn Harthuber, sich doch etwas genauer in die Materie einzulesen.

Irgendwann wurde mir dieses lästige Spiel zu viel. Ich wollte die Zeit mit Luis genießen und nicht alle paar Tage einen diskriminierenden Tritt abbekommen. Also rief ich beim Magistrat in Wien an und drohte mit rechtlichen Schritten. Die Sachlage war klar, jede Verzögerung rein mutwillig und nicht rechtens. Drei Tage später hatte ich den Bescheid über Familienbeihilfe im E-Mail-Postfach, das Geld auf dem Konto und bekam dann kurz darauf auch Luis' Versicherungskarte. Er war zu dem Zeitpunkt bereits acht Monate alt.

Der unschöne Vorfall mit meinem Heimatland war das Einzige, was die Zeit mit Luis wirklich trübte. Marc und ich lernten, von Tag zu Tag zu leben. Uns beiden blieb kaum Zeit zu zweit, doch wir versuchten, alles so gelassen wie möglich zu nehmen. Wir hatten uns Luis gewünscht und nicht das Gefühl, dass wir draußen in der weiten Welt irgendetwas verpassten. Kino, Musicals, ein Wochenendtrip … das trat völlig in den Hintergrund. Im Vergleich zu Luis war es ohne jede Bedeutung, ein Zeitvertreib vielleicht, doch wir wollten uns die Zeit nicht vertreiben, sondern wollten Zeugen sein, wie Luis einen Entwicklungsschritt nach dem anderen meisterte. Vielleicht half uns dabei das Gefühl, dass unser Glück keine Selbstverständlichkeit darstellte. Uns war deutlich bewusst, dass Luis ein großes Geschenk bedeutete, dem wir uns als würdig erweisen wollten.

Ohne Marc an meiner Seite hätte ich nicht gewusst, wie der Alltag zu meistern gewesen wäre. Es war nicht nur die finanzielle Sicherheit, die er uns bot. Abends, wenn er nach Hause kam, kümmerte er sich um Luis, und als er spürte, wie erschöpft ich von den Nächten war, in denen ich mehrmals aufstehen musste, übernahm er das Fläschchen um zwei Uhr nachts, wickelte Luis und trug ihn umher, bis er eingeschlafen war. Das verschaffte mir sechs Stunden, die ich einigermaßen durchschlafen konnte, und auch wenn ich nach wie vor übermüdet war, half das eine Menge.

Ich machte mir jedoch Gedanken um Marc, denn ich wusste, auch er brauchte seinen Schlaf, zumal er beruflich stark gefordert war. Doch er versicherte mir immer wieder, dass er Luis doch ebenso gewollt hatte wie ich. Marc hatte immer zu mir gehalten. Anfangs, als wir uns kennenlernten. Dann in der Zeit, als das Warten uns zermürbte. Und auch jetzt, als ich vor lauter Müdigkeit manchmal mitten im Gespräch einschlief.

Wenn Marc Zeit mit Luis verbrachte, abends und am Wochenende, versuchte ich mich zurückzunehmen und den beiden ihren Raum zu geben. Natürlich ging Marc mit Luis anders um als ich. Ich fand es aber wichtig, dass Luis spürte, wie er Liebe und Fürsorge von zwei unterschiedlichen Menschen bekam. Viele Kinder haben nicht das Glück, dass ein Elternpaar für sie da ist, sie sind allein auf Mutter oder Vater angewiesen.

Wenn ich Marc mit Luis spielen, ihn tragen, ihn versorgen sah, war ich mir hundertprozentig sicher, dass die Liebe zu einem Kind nicht abhängig vom Geschlecht ist. In der weiteren Bekanntschaft hatten sich einige Väter vorsichtig beschwert, dass ihre Frauen jede Hilfe ablehnten. Gleichgültig, ob es ums Windelwechseln, das Baden oder das Fläschchen ging, nichts machten sie als Männer richtig. Dann aber mussten sie sich den Vorwurf gefallen lassen, die ganze Arbeit bliebe mal wieder einzig und allein an den Müttern hängen. Ich wollte nicht in die gleiche Falle tappen und ließ Marc machen. Meistens jedenfalls.

Wenn es Luis gut ging, dann ging es auch uns gut. Doch wenn er weinte, weil er Bauchschmerzen hatte, und sich nicht mit den üblichen Tricks beruhigen ließ, war es zeitweilig vorbei mit unserer Harmonie. Dann waren wir uns nicht einig darüber, was Luis helfen würde, wie man ihn hielt, ihm den Bauch massierte und was schuld daran war, dass er sich nicht beruhigte. Da ich mehr Zeit mit Luis verbrachte, war ich mir sicher, dass ich recht hatte, und schon landeten wir dort, wo alle jungen Eltern sich von Zeit zu Zeit wiederfinden: im Streit darum, was für das Kind das Beste ist.

Wenn manchmal auch alles kopfstand, so stellten wir den Schritt, Luis adoptiert zu haben, keinen Augenblick lang infrage. Ein Kind verleiht dem Dasein eine völlig andere Dimension. Man erlebt sein Leben noch einmal neu und begreift, was wirklich wichtig ist.

Beim Stillkurs

In den folgenden Wochen lernte ich Grade der Müdigkeit kennen, die jenseits von allem lagen, was ich je gefürchtet hatte. Und ich ahnte: Das war erst der Anfang. Es würde Monate dauern, bis Luis durchschlief. Doch wenn er wach war, tagsüber, trat alles in den Hintergrund. Dann lag er auf der Babydecke, lächelte mich an, brabbelte, und wir spielten mit dem Knisterball, der Rassel, dem Spiegelwürfel. Etliche Erinnerungen an meine eigene Kindheit stiegen in mir auf, und da meine Großmutter damals eine so große Rolle gespielt hatte, trat ich nun unbewusst in ihre Fußstapfen, sang die Lieder, an die ich mich erinnerte, und erzählte Luis viel von seiner Uroma. Marc und ich waren uns von Anfang an einig gewesen, dass wir mit Luis nicht in irgendeiner Fantasiesprache reden würden. Den ganzen Tag »Gulli-wulli« und »Heiaheia« zu sagen hätte mich zusammen mit der allgegenwärtigen Müdigkeit vermutlich in den Wahnsinn getrieben. Wenn wir Luis Geschichten erzählten, dann gebrauchten wir normale Wörter und kurze Sätze. Damit würden wir ihn bestimmt nicht überfordern.

Luis' und meine Spaziergänge endeten meist im Drogeriemarkt. Während ich früher hier nur das Nötigste gekauft hatte, war ich jetzt überzeugter Stammkunde, probierte diese und jene Babycreme aus und lauschte manches Mal den Gesprächen der Mütter, die es ebenso hierher zog.

»Also, der Paul schläft durch, seit er vier Wochen alt ist.«

Diesen Satz schnappte ich eines Morgens nach einer besonders anstrengenden Nacht auf. Die Stimme drang aus dem Nebengang, und ich stellte rasch die rote Flasche mit dem neuen Babyshampoo zurück ins Regal, um mir die Wundermutter anzusehen.

»Wenn er doch mal aufwacht, dann ziehe ich ihn zu mir her, lege ihn an, und kurz danach schläft er weiter.«

Das klang praktisch, war aber in unserem Fall nicht durchführbar.

»Die Katharina auch. Eigentlich hat sie schon in der dritten Woche angefangen durchzuschlafen.«

Durchschlafen war das Zauberwort! Unauffällig näherte ich mich den Müttern.

»Also, der Maxi ist ein ganz Braver nachts, der hat immer schon durchgeschlafen. Aber er entwickelt sich sowieso sehr schnell.«

»Der Paul auch. Er kriegt schon Zähne.«

»Und er schläft trotzdem durch?«

»Ja, seit er drei Wochen alt ist.«

Waren das nicht eben noch vier Wochen gewesen?

Ich ließ den Blick über die Frauen schweifen. Sie sahen genauso fertig aus wie ich, hatten Ringe unter den Augen, fahle Haut und diese Müdigkeit im Blick. Die eine trug noch einen Nicki-Hausanzug und hatte ungewaschene Haare … Sollte ich vielleicht nicht alles glauben, was ich da hörte?

Luis jedenfalls schlief nie länger als drei Stunden hintereinander. Was erschwerend hinzukam und meine Müdigkeit Nacht für Nacht toppte, war der Umstand, dass er nun länger munter blieb. Er musste noch in seinen Tag-Nacht-Rhythmus finden und verstehen, dass Strampeln und Brabbeln Beschäftigungen waren, die er sich besser für den Tag aufhob. Dass das nach vier oder gar drei Wochen gelang, bezweifelte ich doch sehr. Zugleich fragte ich mich immer wieder, ob Mütter irgendwelche Tricks auf Lager hatten, die mir nicht in den Sinn kamen. Damit sollte ich noch eine gewaltige Bauchlandung hinlegen, doch vorher geisterte mir etwas anderes durch den Kopf: Die Acht-Wochen-Frist neigte sich dem Ende zu.

Meist war ich viel zu eingespannt, um daran zu denken, doch in den wenigen freien Momenten griff die Angst nach mir. Das exakte Datum war uns Anfang März mitgeteilt worden. Der 17. April war dick in unseren Kalender eingetragen. An diesem Tag würde die Mutter, wenn alles gut ging, vor einem Notar ihre Einwilligung geben und somit von ihren rechtlichen Pflichten als Mutter entbunden werden. Sobald diese beim Familiengericht eingegangen war, konnte sie nicht mehr rückgängig gemacht werden. Es gab durchaus Fälle, in denen eine Mutter die Adoption zurückzog. Manchmal erschienen Mütter auch nicht zum vereinbarten Termin, und alles verzögerte sich und schwebte im Ungewissen.

Je näher der Tag rückte, desto nervöser wurde ich. Würde sie sich am Ende gegen die Adoption entscheiden? Und was dann? Würde Luis aus unserem Leben verschwinden, einfach so? Alles zog sich in mir zusammen, und ich musste gegen die Panik ankämpfen, die in mir aufstieg. Sie durften uns Luis nicht wieder wegnehmen!

Marc und ich hatten der Mutter einen Brief geschrieben, unsere erste Zeit mit Luis geschildert und zwei Fotos beigelegt. Das Ganze hatten wir ans Jugendamt geschickt mit der Bitte, es ihr zu überreichen.

Am frühen Nachmittag des 17. April rief Frau Pacher an. Ich spürte, wie ich zu zittern anfing.

Offenbar war der Termin routinemäßig abgelaufen. Mir fiel ein Stein vom Herzen. Luis' Mutter hatte den Brief angenommen und ein Foto für uns dagelassen, damit wir es ihm zeigen könnten, wenn er später einmal nach ihr fragte. Sie hatte sich für eine geschlossene Adoption entschieden, sodass kein Kontakt untereinander stattfinden würde. Wenn Luis später einmal seine Mutter kennenlernen wollte, müsste er sich an das Jugendamt wenden. Dort hätte er Einsicht in seine Akte und würde in Erfahrung bringen, welche Möglichkeiten es gab, seine Mutter zu kontaktieren.

Marc und ich wären bereit gewesen, die Verbindung zur Mutter zu halten und sie ein Stück weit an Luis' und unserem Leben teilhaben zu lassen. Die Entscheidung aber lag bei ihr, und das war richtig so. Ich hoffe jedoch, dass er seine leibliche Mutter eines Tages kennenlernen wird. Sie ist schließlich ein Teil von ihm – und umgekehrt.

An jenem Tag fiel ein enormer Druck von uns allen ab. Die ganze Familie hatte mitgefiebert. Anders als Marc und ich, die wir versuchten, den Alltag mit einem Baby zu bewältigen, hatten sie mehr Zeit gehabt, sich Sorgen zu machen.

»Wir hätten ihn doch nicht unter Vorbehalt lieben können«, sagte meine Mutter und sprach mir aus der Seele.

Marc und ich gönnten uns am Abend ein paar Kanapees aus dem Feinkostladen und stießen an auf unser Glück, als Luis eingeschlafen war. Luis' Mutter hatte ihr Kind ganz loslassen müssen. Wir hofften, dass das Leben in Zukunft gut zu ihr war, und waren ihr so dankbar, dass sie ihren Sohn in unsere Hände gegeben hatte.

Für Marc und mich war es ein echtes Wunder, wie Luis sich entwickelte. Ich war froh über die Elternzeit, denn ich wollte nicht verpassen, wie er die Welt Stück für Stück eroberte.

Zugleich fragte ich mich, wann wir an den Punkt kämen, dass wir ihm als Papi und Papa nicht genug wären. Ich las viel Elternzeitschriften und in Foren, denn ich wollte wissen, was eine Mutter ihm im Gegensatz zu mir zu bieten hätte. Aber dort ging es um die immer gleichen Themen: Durchschlafen, Stillen, Koliken, Schnuller, Fläschchen, Wundsein ...

Dennoch ließ mich die Frage nicht los, ob ich irgendwann an den Punkt käme, an dem ich meinen Sohn nicht trösten konnte und ihm eindeutig die Mutter fehlte.

Luis war nie gestillt worden. Ich versuchte es wettzumachen, indem ich mich beim Fläschchengeben ganz auf ihn konzentrierte. Ich hätte niemals dabei am Handy gehangen oder den Fernseher angestellt.

Auch andere, leibliche Kinder wurden nicht gestillt. Ich schwankte zwischen dem Gefühl, dass wir ihm alles gaben, was er brauchte, und der unbestimmten Sorge, es könne trotzdem zu wenig sein. Wir legten ihn an unser Herz und ließen ihn dort schlafen, sorgten für Hautkontakt und Nähe.

Gezielt suchte ich den Umgang mit Frauen, die auch ein Baby hatten. Irgendwann brachte mich eine Freundin, die selbst ein Kind hatte, auf die Idee, im örtlichen Mütterzentrum vorbeizuschauen. Dort wurde im Mai ein Stillkurs angeboten, in dem es nicht nur ums Stillen an sich, sondern überhaupt um die ersten Monate mit einem Baby ging. Vielleicht wäre das ja was, dachte ich. Vielleicht würde ich in einem Stillkurs endlich mehr erfahren.

Ich gehe an dieser Stelle nicht näher darauf ein, was Marc von dem Ganzen hielt. Nachdem unsere Freundin mir jedoch versichert hatte, dort ginge es ganz locker zu und es käme ein Haufen Mütter, die in der gleichen Situation wären wie ich, meldete ich mich kurz entschlossen an.

Je näher der Tag rückte, desto euphorischer wurde ich. Ich würde tolle Mütter kennenlernen, Luis bekäme viele neue Freunde, und obendrauf würde ich noch eine Menge liebevoller Tipps von erfahrenen Müttern mit Babys in Luis' Alter bekommen. Dachte ich.

Der Kursleiterin hatte ich unsere Situation erklärt, als ich mich angemeldet hatte, und sie hatte recht offen geklungen. So dachte ich mir also nichts dabei, als ich mich an einem Dienstagmorgen im Mai auf den Weg zur Stillgruppe machte.

Luis und ich kamen ein paar Minuten zu spät, denn ausgerechnet an diesem Morgen hatte er länger geschlafen. Ich öffnete die Tür des Kursraums im Mütterzentrum und riskierte einen Blick ins Innere. Vor mir erstreckte sich ein lang gezogener Raum, an dessen anderem Ende ein beispiellos hässliches Sofa stand. Darauf saßen zwei Mütter und stillten. Zögernd trat ich ein, es war eine seltsame Situation, sicher nicht nur für mich. Kurz nach mir trudelten weitere Mütter ein und warfen mir abschätzige Blicke zu. Irgendwie wurde mir erst jetzt das Fragwürdige meiner Situation bewusst.

Die Gruppenleiterin bat uns, im Kreis auf dem Boden Platz zu nehmen und unser Kind auf den Armen zu halten oder auf eine Babydecke vor uns zu legen. Dann forderte sie uns auf, uns vorzustellen und von der Geburt zu erzählen.

Ganz so genau hatte ich es eigentlich nicht wissen wollen, das wurde mir bald klar. Als ich schließlich an die Reihe kam, sagte ich meinen Spruch auf. Endlich wandelten sich die Blicke, die man mir zuwarf, von Misstrauen zu Wohlwollen.

»Wie süß, ein schwuler Papa!«, lautete die kollektive Meinung. Manche hatten wohl befürchtet, ich wolle einen Blick auf stillende Frauen riskieren, doch nichts lag mir ferner als das. Nachdem ich von der Kursleiterin in der Runde willkommen geheißen worden war, dachte ich, dass alles doch eigentlich ganz gut anlief.

Luis war wach und ziemlich lebendig. Er strampelte und wedelte mit den Armen. Ich hielt ihm eine Rassel hin, und er griff danach und hielt sie fest.

»Was?!«, ertönte es neben mir. Eine Mutter etwa in meinem Alter sah mich herausfordernd an. »Der kann ja schon die Rassel halten! Wie alt ist er denn?«

»Drei Monate«, sagte ich etwas eingeschüchtert angesichts des leicht aufbrausenden Tonfalls. Ich hatte mir nie Gedanken darüber gemacht, ob Luis früh oder eben später greifen lernte. Manchmal legte ich ihn unter einen Bogen aus Holz, an dem mehrere Spielzeuge hingen. Anfangs hatte er danach gehauen, aber irgendwann hatte die Hand-Auge-Koordination geklappt.

»Mein Mann wünscht sich so, dass der Noah endlich greifen kann. Jetzt ist er schon fast vier Monate und schafft es immer noch nicht.«

Ich wusste nicht, was ich sagen sollte. Ganz gewiss wollte ich in keinen Wettstreit eintreten. Es war doch bekannt, wie unterschiedlich Kinder sich entwickeln. Irgendwann würde auch Noah den Dreh raushaben.

Zum Glück ging sonst keiner darauf ein, und die Kursleiterin fuhr fort. Nach einigen Fragen und Antworten zum Stillen kam die Sprache auf den Alltag. Die Babys wollten getragen werden, aber manchmal brauchte man eben zwei freie Hände. Tuch oder Tragegeschirr, das war die Frage.

Vollkommen naiv erzählte ich, dass meine Schwester – die ja immerhin Kinderkrankenschwester war – uns ihren Babybjörn überlassen hatte. Ich kam gar nicht mehr dazu zu erzählen, dass Marc und ich ihn erst zwei, drei Mal im Einsatz gehabt hatten. Schon ging der Sturm los.

»Ein Babybjörn? Also, das kann man dem Kind doch nicht antun!«

»Seid ihr euch denn überhaupt nicht bewusst, wie schädlich der für die Hüften ist?!«

»Da muss man sich doch erkundigen, bevor man so ein Teil hernimmt!«

Unwillkürlich duckte ich mich, wollte nachfragen, was denn schlecht daran sei. Aber da ging es schon weiter mit der Tirade.

»Das ist das schlechteste Modell überhaupt«, keifte die Mutter neben mir, deren Sohn nicht greifen lernen wollte. »Das arme Kind! Da werden ja die Hüften komplett geschädigt. Unverantwortlich ist das.«

Irgendwann griff die Leiterin ein. »Der Babybjörn hat einen zu schmalen Steg, das ist nicht gut fürs Kind, wie ein Test gezeigt hat.« Ich nickte betroffen. Sie schlug ein paar Alternativen vor und ging dann irgendwann zu den Bindetechniken eines Babytragetuchs über.

»Der wird nie gescheit laufen können«, murmelte die Mutter neben mir gerade laut genug, dass ich es hören konnte.

Der Rest des Kurses zog an mir vorbei, ohne dass ich etwas davon mitbekam. Als endlich die Tür des Mütterzentrums hinter mir zufiel, schickte ich Marc eine SMS.

Wir haben alles falsch gemacht! Ich dachte, Luis ist sicher in dem Teil. Du musst sofort nach Hause kommen!

Marc rief sofort zurück, aufs Höchste beunruhigt.

»Ist was passiert?«, fragte er. »Was ist los?«

»Ich komm gerade aus dem Mütterzentrum. Die haben mich fertiggemacht wegen dem Babybjörn.«

Marc seufzte auf.

Völlig aufgelöst erzählte ich ihm von der Woge der Missgunst, die über mich hereingebrochen war.

»Jetzt beruhige dich doch! Wir haben das Teil vielleicht dreimal kurz benutzt. Und wer sagt denn überhaupt, dass er den Hüften schadet …«

»Die Mütter haben das gesagt. Alle. Du hättest mal deren Ton hören sollen. So was von vorwurfsvoll. Als hätte ich dem Luis absichtlich schaden wollen.«

Marc verkniff sich die Bemerkung, was er von dem Kurs gehalten hatte.

»Ich muss zurück in die Besprechung. Reg dich nicht auf!«, sagte er noch, und weg war er.

Als Nächstes musste meine Schwester dran glauben. Hatte sie denn keine Ahnung gehabt? Oder irrten sich die Mütter? Was war das für ein Test, von dem die Leiterin gesprochen hatte?

»Beruhige dich doch erst mal!«, sagte meine Schwester. »Ich habe den Luca immer darin getragen, und seine Hüften sind völlig in Ordnung. Den Steg kann man breiter stellen, der ist genau richtig so, wie du ihn hast.«

Aber das genügte mir nicht. Plötzlich stellte ich alles infrage, was ich je mit Luis getan hatte. Ich hatte Unterstützung gesucht, und jetzt war ich komplett verunsichert.

»Hör zu, Tobias«, sagte Magdalena. »Ein Kind braucht Liebe, und die kannst du dem Luis gut geben. Er hat großes Glück, dass er gleich doppelt geliebt wird. Es gibt nichts, was du dir vorwerfen musst. Du wirst deiner Aufgabe voll gerecht. Das weiß ich genau. Okay?«

Ich nickte, dann murmelte ich: »Okay.«

»Also, dass das klar ist: Da gehst du nicht mehr hin!«

Ich musste trotz allem schmunzeln. Wer hätte es gewagt, sich meiner kleinen Schwester zu widersetzen?!

Im Nachhinein wurde mir klar, was mich so durcheinander-gebracht hatte: Es war dieser bestimmende Ton gewesen, in dem alle auf mich losgegangen waren. Über die Jahre hinweg wandeln sich Testergebnisse und Empfehlungen. Nichts war in Stein gemeißelt. Das fing an beim Tragen des Babys, ging weiter über die Federung der Kinderwagen bis zur Frühför-derung und endete bei der Ernährung. Eins stand fest: Ortho-päden, Kinderärzte und Ernährungsberater waren sich auf Dauer gesehen in nichts einig. Und trotzdem brauchte ich eine Weile, bis ich mit Marc über meinen Ausflug in die Ge-filde der Stillenden lachen konnte.

Als Luis vier Monate alt war, gab es den ersten Brei. Die Kin-derärztin hatte uns eine Ernährungsbroschüre gegeben, nach der sie vorzugehen empfahl. Alle drei Tage gab es eine neue Lebensmittelgruppe, wenn er die vorige vertrug.

Beim ersten Löffel Brei war Luis noch skeptisch, aber er liebte Essen, und so akzeptierte er die fremden Geschmäcker und Konsistenzen und langte schon bald ordentlich zu. Bald wollte er den Löffel halten und versuchte, den Brei selbst zum Mund zu führen. Ab diesem Tag steigerte sich mein Wä-scheaufkommen in Sachen Lätzchen beträchtlich. Auch Bo-dentücher wurden mehr gekauft, und der Zeitaufwand war nicht nur wegen des Putzens höher, sondern auch, weil jede Mahlzeit dauerte und dauerte. Ich handelte schließlich mei-nen ersten Kompromiss mit Luis aus: Jeder von uns bekam einen Löffel. Und während er abwechselnd mit seinem im Essen rührte oder aber erste physikalische Versuche in Sa-chen Gravitation startete, fütterte ich ihn mit dem anderen.

Seit dem Sommer hatte Luis um einiges zugenommen. Zu viel, wie die Ärztin mahnte. Sie zeigte mir die Wachs-tumskurve – Luis' Gewicht lag in Bezug auf seine Größe klar über dem Durchschnitt. Ich sollte dringend das Milchpulver reduzieren.

Also befüllte ich den Messbecherturm neu und versuchte den Mangel an Milchpulver mit einer größeren Menge an Wasser auszugleichen.

Luis merkte sofort, woher der Wind wehte. Er reagierte unruhig, schlief schlecht und wachte früher wieder auf. Ich spürte, er wurde einfach nicht satt. Nach drei Tagen hatte ich genug von dem Experiment und gab ihm wieder seine gewohnte Ration. Wenig später hatte er einen regelrechten Wachstumsschub, und als wir erneut zum Wiegen und Messen kamen, galt Luis' Gewicht plötzlich als optimal, der Kurve nach zu urteilen.

»Sehr gut, Sie haben meinen Rat befolgt«, meinte die Ärztin, und ich nickte fleißig und dachte mir meinen Teil.

Als Luis fünf Monate alt war, hatte er weiße Pünktchen auf den Lippen, und die Nase lief. Ich rannte sofort zur Kinderärztin.

»Er bekommt Zähne«, sagte sie.

»Mit fünf Monaten?«, fragte ich ungläubig.

»Der Luis ist ein Frühentwickler«, meinte sie und verschrieb ihm homöopathische Kügelchen gegen den Schmerz.

Kaum zu Hause, startete ich einen Rundruf. Wie stolz ich war! Die ersten Zähne mit fünf Monaten! Mein Sohn!

»Wart's ab!«, meinte meine Schwester weise.

Warten – das mussten wir dann tatsächlich. Und zwar, bis Luis ein Jahr und drei ganze Monate alt war. Da kamen gleich vier Zähne auf einmal. Zu dem Zeitpunkt hatte ich schon beinahe geglaubt, er würde niemals welche bekommen. Allerdings hatte ich mich dieses Mal nicht mit der Frage zermürbt, ob wir etwas falsch gemacht hatten. Nicht bei den Zähnen.

Helikoptermütter

Es war an einem regnerischen Montagvormittag im Spätsommer, als ich zum ersten Mal in der Öffentlichkeit an meine Grenzen geriet. Eigentlich hätte ich es besser wissen sollen. Zehn Minuten hatte es gedauert, bis ich zu Herrn Harthuber durchgestellt worden war, nur um eine weitere Abfuhr in Sachen Familienbeihilfe zu bekommen. Luis hätte gern gespielt, er liebte es, wenn er im Laufstall saß, ich mich kurz versteckte und mein Gesicht dann zwischen den Stäben des Laufstalls wieder auftauchte. Doch ich musste noch rasch zum Supermarkt. Also packte ich Luis warm und regensicher ein und machte mich auf den Weg. Wenn alles nach Plan lief, hatte ich eine knappe Stunde Zeit für den Einkauf inklusive Weg, bevor er Hunger bekam.

An der großen Kreuzung, wo die Geschäfte lagen, war die Ampel ausgefallen, und ich verlor kostbare Minuten, bis der Verkehrspolizist Erbarmen hatte und mich hinüberwinkte. Im Supermarkt öffnete ich den Regenschutz des Kinderwagens und eilte zur Käsetheke. Drei ältere Damen waren vor mir an der Reihe. Es dauerte, ich wurde ungeduldig, Luis auch. Sollte ich meinen Platz in der Schlange aufgeben? Ich entschied mich zu warten. Endlich wurde ich bedient, orderte Käse und raste zur Kasse. Fünf Leute vor mir. In diesem Augenblick wurde Luis unruhig. Seit einigen Tagen konnte er selbstständig sitzen, doch wir hatten den Kinderwagen noch nicht zum Sportwagen umgebaut. Luis gefiel das gar nicht, er wollte teilhaben am Geschehen, statt auf dem Rücken zu liegen und das Verdeck des Kinderwagens anzustarren. Er fing an, lauthals zu schreien.

Ich klappte das Verdeck ein Stück weit auf und wollte ihn eben beruhigen, da ertönte eine laute Stimme in der Schlange hinter mir.

»Das Kind hat fürchterliche Schmerzen!«, rief eine Frau.

Ich drehte mich um. »Er hat keine Schmerzen, ich kenne meinen Sohn«, erwiderte ich höflich.

»Und ich höre, dass er sehr wohl Schmerzen hat«, erwiderte die Frau. »Ich habe fünf Kinder und vier Enkel, ich weiß, wie sich das anhört.«

Inzwischen hatten wir Publikum. Luis quakte, und die Leute in der Schlange freuten sich über die Unterhaltung, die wir ihnen boten.

Ich versuchte der Frau zu erklären, warum Luis weinte, aber sie hörte mir gar nicht zu. Stattdessen holte sie tief Luft.

»Jetzt tun Sie doch was!«, rief sie hysterisch. »Das ist ja total verantwortungslos!«

Ich musste mich wirklich zusammenreißen. »Ich kenne meinen Sohn«, sagte ich, »es geht ihm gut. Und jetzt mischen Sie sich bitte nicht ein!«

Hinter mir erklang Gemurmel. Ich war heilfroh, als ich den Laden verlassen konnte. Luis hatte sich inzwischen eine Spielzeugente geschnappt und lachte über das ganze Gesicht. Ich aber war schweißgebadet.

Die Botschaft war klar: Männer wissen nicht, warum ein Baby schreit.

Marc verkniff sich ein Grinsen, als ich ihm abends die Story erzählte.

»Diesen Supermarkt betrete ich nie wieder«, entgegnete ich entschlossen.

»Bisher ist doch nie etwas in der Art passiert. Jetzt reg dich nicht so auf!«

Er hatte gut reden, aber vielleicht hatte er ja recht, und es war ein unangenehmer Einzelfall, der sich später einmal ganz wunderbar als Anekdote eignen würde.

Bald darauf musste ich Marcs Anzüge in der Reinigung abgeben. Luis und ich waren lange auf dem Spielplatz gewesen, und ich ahnte, dass er bald Hunger bekommen würde. Aber wenn ich nicht bis Mittag in der Reinigung wäre, müsste Marc einen Tag länger warten.

»Komm, Luis, wir bringen noch rasch die Anzüge vom Papa weg«, sagte ich und eilte mit ihm die Straße hinunter. Kaum waren wir in der Reinigung, fing er an zu schreien.

»Ja, was hat er denn?!«, sagte die Frau hinter dem Tresen. Ich reichte ihr die Anzüge. Luis schrie weiter.

»Ach herrje, das arme Kind! Können Sie es denn nicht trösten?!«

»Er hat Hunger, wir sind gleich zu Hause«, erklärte ich knapp. Luis legte einige Dezibel zu, um seine Forderung zu unterstreichen.

Die Verkäuferin schüttelte den Kopf. »Das arme Kind braucht seine Mutter.«

»Er hat Hunger«, erwiderte ich und wartete ungeduldig darauf, dass sie mir den Abholschein aushändigte.

»Ja, aber wo ist denn Ihre Frau? Die kann ihr Kind doch viel besser trösten.«

Luis wurde langsam zornig und schrie lauter.

»Jetzt holen Sie doch die Mutter!«, schrie nun auch die Frau.

Mir platzte der Kragen. »Er hat keine Mutter!«

Ich hatte nicht die geringste Lust, mich groß zu erklären. Ich wollte nur noch nach Hause.

Die Stimmung der Frau aber hatte sich von einer Sekunde auf die andere gewandelt.

»Ach, Sie sind aber ein guter Mann, dass Sie sich um Ihr Kind kümmern. Jetzt, nachdem Ihnen die Frau davongelaufen ist.«

Ich warf ihr einen grimmigen Blick zu, griff nach dem Abholschein und kehrte der Reinigung für lange Zeit den Rücken.

Ein Kinderspielplatz lag gleich hinter dem Haus, ich konnte vom Garten durch eine Parkanlage gehen, und schon waren wir da. Das war praktisch, und außerdem sollte Luis hier in der Gegend Freunde finden. Bisher war ich damit jedoch gescheitert.

Manche Mütter, so schien es mir, wollten unablässig demonstrieren, wie gut bei ihnen alles lief. Unentwegt umschwirrten sie ihre Kinder, ständig wurde hier eine Nase abgewischt, dort eine Schaufel gereicht, der Sandhaufen mit dem Handy dokumentiert. Kaum hatte das Kind Spaß am Spiel gefunden, wurde es auf die Bank gesetzt, bekam die Hände abgewischt. Dann wurden die Tupperdosen mit acht bis zwölf Obstsorten geöffnet, der Beutel mit Gemüsesticks und eine ganze Batterie an Teeflaschen gereicht.

Irgendwo hatte ich den Begriff »Helikoptermütter« aufgeschnappt und hielt den Ausdruck für total passend. Niemand fand Ruhe vor ihrem Herumgesurre, weder die Kinder noch die Erwachsenen.

Ich schaute mir das Ganze an, fragte mich, ob ich da mitziehen wollte, und entschied: nein. Zwei Sorten Obst für die Zwischenmahlzeit reichten, dazu ein Gemüse, manchmal auch zwei. Luis trank gern Wasser, und manchmal gab es auch Tee. Abwechslung war gut und wichtig, aber man konnte es wirklich übertreiben. So sah ich das zumindest.

Das Tupperdosen-Spektakel war aber nur eine Sache, die mich aufregte, und zwar ganz besonders, wenn ich übermüdet war.

Auf manchen Spielplätzen ging es zu wie bei einem Contest. Hauptsächlich waren es Frauen, die mit ihren Kindern unterwegs waren. Vielleicht fehlte ihnen die Bestätigung von anderer Seite? Vom Partner? Vom Beruf? Ich jedenfalls konnte mir nicht erklären, warum ein solcher Wettstreit herrschte. Alles wurde zum Thema gemacht, um mithilfe des Kindes aus der Masse der Mütter hervorzustechen.

»Meiner hat schon vier Zähne.«

»Der Philipp hat sechs.«

»Die Luisa bekommt schon Backenzähne.«

»Meiner erkennt schon Wörter.«

»Meiner krabbelt längst.«

»Meine fängt an zu laufen!«

Ich hätte sie meiden können, die Spielplätze, aber immer noch suchte ich einen Austausch. Wenn ich dann in solch einer Gruppe ganz offen damit herausrückte, dass Luis viel zu faul zum Krabbeln war und stattdessen das Robben perfektioniert hatte, prasselten im Nu Unmengen an Ratschlägen auf mich ein. Was sollte ich nicht alles anstellen, damit Luis auch ja krabbelte, lief und mindestens acht Zähne auf einmal durchbrachen! Alles in einem Tonfall, der durchblicken ließ, dass ich es als Mann so oder so falsch machte.

Marc konnte darüber nur lachen. »Hast du denen verraten, dass Luis noch gar keine Zähne hat?«

»Das überlasse ich dir«, konterte ich.

Aber zum Glück gab es auch richtig nette Mütter, und richtig toll war Marie.

Nachdem wir uns im Jugendamt beim Informationsabend über die Inlandsadoption begegnet waren, hatte das Schicksal uns in verschiedene Richtungen geweht. Durch einen Zufall hatten wir uns dann wieder getroffen. Marie und Alexander, ihr Mann, hatten zwei Monate vor uns ein Kind adoptieren können und waren ähnlich schnell und unerwartet wie wir Eltern geworden.

Marie war perfekt organisiert, ihre Wickeltasche war auf sämtliche Eventualitäten vorbereitet, und auch sie hatte ihre Tupperdöschen dabei. Marie war vorsichtiger im Umgang mit Tom, der zwei Monate älter war als Luis. Vielleicht war sie ängstlicher, traute ihm nicht ganz so viel zu. Aber sie gab mir immer das Gefühl: Ich mache es so, und du machst es anders, und beide machen wir es richtig.

Sie war genau der Mensch, den ich in den vergangenen Monaten gesucht hatte. Wir trafen uns bald regelmäßig und tauschten uns aus. Marie war anders als die meisten Mütter, denen ich begegnete, denn sie war absolut ehrlich zu sich selbst und zu mir.

»Das war mal wieder eine schlimme Nacht«, seufzte sie, anstelle von: »Mein Sohn schläft schon längst durch.« Dann bauten wir uns gemeinsam auf, und irgendwann meinte Marie: »Ich habe ganz vergessen, dass es bei euch keine Frau gibt.«

Tom und Luis verstanden sich gut, auch wenn sie in dem Alter mehr neben- als miteinander spielten. Mir tat es gut, an Tom die Phasen mitzubekommen, die auf Luis und mich warteten, und zu sehen, wie Marie damit umging.

Als Luis acht Monate alt war, schlug sie mir vor, gemeinsam zum Babyschwimmen zu gehen. Luis liebte das Herumplanschen, und so sagte ich gleich zu.

Drei Wochen später begann der Kurs. Zu viert machten wir uns auf den Weg. Es war schon fast Winter geworden, aber die Umkleide und die Schwimmhalle waren tropisch warm. Beim Ausziehen fand ich es noch gerade erträglich, aber nach dem Kurs, wenn die Haut nass war und ich Luis in seinen Overall packen musste, geriet ich ganz schön ins Schwitzen.

Luis gefiel das Wasser, aber er behielt eine gewisse Distanz bei, hielt sich vertrauensvoll an mir fest. Als der Schwimmlehrer uns aufforderte, die Kinder kurz unterzutauchen, entschied ich mich dagegen. Ich wollte Luis' natürliches Vertrauen, das er in mich setzte, nicht zerstören. Er sollte selbst bestimmen, wann er zu tauchen bereit war.

Am Ende der Stunde versammelten sich alle im Spielbecken, und ich hatte Gelegenheit, mich ein bisschen umzusehen. Die meisten Mütter waren übermäßig geschminkt, was mich angesichts der Örtlichkeit dann doch verwunderte. Eine stach mir besonders ins Auge, sie hatte das Haar hochtoupiert, und immer, wenn ihre kleine Tochter vergnügt aufs Wasser patschte, rief sie: »Michelle! Nicht spritzen! Du zerstörst mir noch meine Frisur!«

»Die würde ich am liebsten untertauchen«, raunte Marie mir zu.

»Das hab ich mir auch gerade gedacht«, sagte ich, und wir lachten.

Als Nächstes forderte der Schwimmlehrer uns auf, zu singen und dabei das warme Wasser über den Rücken unserer Kinder zu schöpfen.

Zeigt her, eure Füßchen,
zeigt her, eure Schuh',
und sehet den fleißigen Waschfrauen zu …

Luis fand das lustig, er lachte und quietschte, wenn ihm das Wasser über den Rücken lief, und so sang ich voller Inbrunst »Sie waschen, sie waschen, sie waschen den ganzen Tag« und mied jeden Blick in Maries Richtung, denn sonst hätte ich losgeprustet.

»Du hättest etwas Geschlechtsneutrales vorschlagen können«, meinte Marc und grinste bei der Vorstellung, wie ich mit den Müttern im Planschbecken voller Eintracht das Lied von den fleißigen Waschfrauen angestimmt hatte.

Als Luis zehn Monate alt wurde, meldete ich uns für eine Spielgruppe an. Ich wollte neue Impulse bekommen, andere Perspektiven. Auch hier wimmelte es von Müttern, die damit prahlten, wie »pflegeleicht« ihre Kinder seien und wie viel Freizeit sie neuerdings hätten – Aussagen, die mit dem vernachlässigten Äußeren und löchrigen, nicht zusammenpassenden Socken nicht so recht zu vereinbaren waren.

Die Kursleiterin forderte uns dazu auf, uns zurückzunehmen und unsere Kinder beim Spiel zu beobachten. Luis fühlte sich prächtig in der Gruppe, aber manche Kinder waren aggressiv und hauten sich.

Neben mir saß eine Mutter, deren Tochter etwa zwei Monate älter war als Luis.

»Ich spiele mit meiner Großen immer das Haua-Spiel«, sagte sie.

»Haua-Spiel«, fragte ich verwirrt. Davon hatte ich noch nie etwas gehört.

»Also, wenn die Ella, so heißt meine Vierjährige … wenn sie mich mit einem Bauklotz haut, dann haue ich zurück. Auf die gleiche Stelle, nur einen Tick fester.«

Völlig konsterniert starrte ich die Frau an und schob mich dann unauffällig an einen anderen Platz. Hauen? Als Spiel?

Das ging gar nicht. Marc und ich waren uns von Anfang an einig gewesen: Wir würden unser Kind niemals schlagen.

Außer dem Haua-Spiel lernten Luis und ich neue Lieder und Spiele kennen, und ich fühlte mich in gewisser Weise bestätigt, denn zu Hause verfolgten Marc und ich einen ganz ähnlichen Ansatz: unserem Kind viel zuzutrauen, ihm Hilfe anzubieten, wenn es Hilfe brauchte, ihm diese aber nicht aufzuzwängen.

Natürlich war die Spielgruppe ein bevorzugter Tummelplatz für Helikoptermütter. Doch hier, auf kleinem Raum, merkte ich, wie sehr auch andere Mütter und Väter unter ihnen litten und sich von den lauthals verkündeten Höchstleistungen der betreffenden Kinder verunsichern ließen. Manchmal staunte ich über die Unsicherheit, die die Eltern so fest im Griff hatte. Die meisten Paare hatten während der Schwangerschaft unzählige Ratgeber gelesen, die sich in wichtigen Punkten widersprachen. Das hätte mich auch verrückt gemacht. Zum Glück hatte Magdalena mich gewarnt und mir den Tipp mit auf den Weg gegeben, mich immer auf mein Bauchgefühl zu verlassen.

Vielleicht lag es ja auch an der Stadt und dem Riesenangebot für Kleinkinder. Es herrschte ein regelrechter Hype um den angesagtesten Kinderarzt, die beste musikalische Früherziehung, die ultimative Krabbelgruppe, um PEKiP, Babymassage, Babyturnen, Babyfitness, Baby-Zeichensprache ... Tausend Dinge, die Luis, Marc und mir einfach zu viel des Guten waren. Wir wollten nicht das Optimum aus Luis herausholen, wir wollten ihn Kind sein lassen, den Alltag auch mal einfach gestalten, nicht von Event zu Event hetzen. Er war ja noch nicht mal ein Jahr. Die Kinderuniversität durfte getrost warten. Viel spannender war doch, wann er Papa und Papi sagen würde.

Papi & Papa

Weihnachten rückte näher, das erste Fest mit unserem Sohn. Inzwischen hatte ich mich von der romantischen Vorstellung verabschiedet, dass ich die Wohnung in aller Ruhe schmücken konnte. Wenn Luis' Zähne durchbrachen und ich gar nicht mehr zum Schlafen käme, würden wir am Ende noch bei einem Bund Tannenzweigen mit einer roten Schleife enden.

Was Luis' Zähne anging, war nach wie vor Geduld angesagt. Als er mit fünf Monaten gespeichelt und seine Kinderärztin uns versichert hatte, dass er zahne, hatte ich täglich mehrmals in seinem Mund nachgesehen, um nur nichts zu verpassen. Inzwischen aber hatte ich erkennen müssen, dass es mit Luis' Zähnen ähnlich war wie mit dem Gras: Es wächst nicht schneller, wenn man daran zieht. Ich konnte den Prozess nicht beeinflussen, doch ich wollte ihn unbedingt hinter mich bringen. In den Gängen des Drogeriemarkts und auf den Spielplätzen hatte ich genug Horrormärchen über das Zahnen gehört und sah diesem Ereignis mit einem gewissen Schrecken entgegen.

Auch Krabbeln stand nicht auf Luis' Programm. Während andere Kinder meinem Ratgeber zufolge zwischen sechs und neun Monaten damit begannen, hatte er offenbar schon früh seinen eigenen Kopf und dachte gar nicht daran, sich in allen Punkten nach dem Schema zu richten. Das Robben hatte er inzwischen so perfektioniert, dass er blitzschnell vorankam. An einem Spätsommertag saß er auf dem Teppich und blätterte friedlich in einem Bilderbuch. Ich ging in die Küche, um den Staubsauger zu holen. Als ich zurückkehrte, war Luis verschwunden. Ich schaute unter den Tisch – nichts! Erschrocken blickte ich mich um. Dann bemerkte ich, dass die Gartentür ein Stück weit offen stand. Ich hatte gelüftet und vergessen, sie zu schließen. Ich sah eben noch, wie Luis zielstrebig über die Terrasse robbte und auf einen Busch zuhielt. Kurz bevor er sich ein Blatt in den Mund stecken konnte, hatte ich ihn erwischt. Er lachte mich an, ganz glücklich über die neu gewonnene Freiheit.

Andere Kinder seines Alters zogen sich am Sofa oder dem Bettchen hoch und hangelten sich an der Wand entlang. Aber das reizte Luis nicht im Geringsten, schließlich war es mit Anstrengung verbunden.

Also robbten wir Weihnachten entgegen. Manchmal packte es mich, und dann standen mir unversehens die trostlosen Feste der vergangenen Jahre vor Augen. Ich versuchte mir unser Leben ohne Luis vorzustellen. Wie leer erschien mir das plötzlich. Ein Jahr zuvor hatten wir den Glauben daran, dass unser Herzenswunsch in Erfüllung gehen könnte, verloren. Umso mehr genossen wir jetzt das Leben mit unserem kleinen Goldschatz.

Marc und ich waren mächtig gespannt darauf, wie Luis' erstes Wort lauten würde – Papa oder Papi? Wir hatten uns von Anfang an dafür entschieden, dass Marc Papa war und ich Papi. Manchmal kamen wir damit selbst durcheinander und fragten uns, ob die beiden Worte nicht zu ähnlich klangen und wir unserem Sohn zu viel abverlangten.

Eines Nachmittags saßen Luis und ich auf der Spieldecke.

Er wollte gern ins Freie, aber es fiel ein eisiger Regen, und so versuchte ich ihn mit einem Bilderbuch bei Laune zu halten. Seit dem Herbst stromerte des Öfteren eine Katze durch unseren Garten. Auch an diesem Tag sah ich sie im Schutz der Hecke sitzen und einem Vogel auflauern.

»Sieh mal, die Katze«, sagte ich zu Luis. »Das erzählen wir heute Abend dem Papa, dass die Katze wieder da war.« Ich betonte das Wort »Papa« ganz besonders, denn ich wusste, wie Marc sich freuen würde, wenn Luis ihn endlich so nannte.

Luis robbte zur Gartentür und blickte hinaus.

Dann hob er die Hand und deutete hinaus. »Katze!«

Ich konnte es nicht fassen. Er sprach! Sein erstes Wort!

Ich hockte mich zu ihm und drückte ihn an mich. »Super, Luis! So schön hast du das gesagt! Katze.«

»Katze«, sagte er wieder und lachte über sein ganzes kleines Gesicht. Er wusste genau, wie stolz ich in diesem Moment auf ihn war.

Ich schrieb Marc rasch eine Nachricht. Er war schon gespannt darauf, endlich nach Hause zu kommen und Luis sprechen zu hören.

Als er zur Tür hereinkam, robbte Luis auf ihn zu.

»Katze!«, sagte er und streckte die Arme nach seinem Papa aus.

Marc lachte, schwang ihn in die Luft und lobte ihn. Dann erklärte er: »Draußen ist die Katze. Und ich bin der Papa.«

»Katze«, erwiderte Luis bestimmt und deutete auf ihn. Damit war die Angelegenheit geklärt: Für eine Weile hieß Marc in Luis' Universum Katze.

Einige Tage später überraschte Luis mich und sagte »Papi« zu mir. Ich schmolz förmlich dahin. Natürlich wusste ich, dass er mich von anderen unterschied, mir vertraute, mich liebte.

Aber dass er Papi zu mir sagte, war, als sei es damit auf immer besiegelt: Er war mein Sohn und ich sein Vater. Ich war jemand Besonderes für ihn. Wahrscheinlich geht es allen Eltern so, wenn ihr Kind endlich Papi, Papa oder Mama, Mami sagt. Ein einzigartiger Moment!

Nun also hieß ich endlich »Papi«, die Katze war »Katze«, und Marc – Marc war nicht länger Katze, sondern auch »Papi«.

Natürlich war er etwas enttäuscht darüber, fragte sich, ob es daran lag, dass er so viel arbeitete und weniger Zeit mit Luis verbringen konnte. Doch nach drei Tagen änderte sich alles, und Luis konnte »Papa« sagen. Zu mir – und dann auch zu Marc. Das Wort »Papi« hingegen schien mit einem Mal aus seinem Wortschatz verschwunden zu sein, egal, wie sehr ich mich anstrengte: »Papa ist bei der Arbeit. Papi macht das Mittagessen. Gehst du mit Papi auf den Spielplatz?«

»Papa!«, lautete die Antwort.

»Ich glaube, das funktioniert nicht mit Papi und Papa«, sagte ich eines Abends frustriert zu Marc.

»Es klingt einfach zu ähnlich«, meinte er. »Lassen wir es gut sein. Entweder versteht er eines Tages den Unterschied, oder wir müssen uns etwas anderes einfallen lassen.«

Ein wenig traurig war ich schon, aber es half ja nichts, und ich wollte Luis auch nicht bedrängen.

Als der Frühling kam, planten Marc und ich, mit Luis über ein langes Wochenende nach Österreich auf einen Bauernhof zu fahren. Er liebte Tiere, und ich wusste, dort gab es Ponys, Kühe und natürlich Katzen.

»Komm, wir packen deine Tasche«, sagte ich zu ihm. »Und dann fahren wir mit dem Papa auf den Bauernhof.«

Luis sah mich an, deutete auf mich und sagte: »Papi?«

»Ja, wir fahren alle drei, Luis, Papa und …?«

»Papi!«

Jetzt hatte er den Unterschied verstanden! Und mehr noch: Wenn ich wieder mal so richtig müde war und alles durcheinanderbrachte, mich selbst aus Versehen Papa nannte oder Marc Papi, dann korrigierte Luis mich energisch.

Später, in der Kinderkrippe, legte er von Anfang an großen Wert darauf, dass die Erzieher keinen Fehler in Bezug auf uns machten. Die meisten Kinder haben Mama und Papa, manche nur Mama oder nur Papa, und Luis hat Papi und Papa. Das ist für ihn ganz selbstverständlich und für die anderen auch. Für die meisten jedenfalls.

Als Luis zweieinhalb war, wollte ich ihn von der Krippe abholen, aber er war noch am Basteln. Er liebte es, Perlen auf eine Kette zu ziehen, und machte das sehr akkurat. Was bedeutete, es brauchte seine Zeit.

Gerade an dem Tag aber war es ganz schlecht in Sachen Zeit. Wir mussten unbedingt nach Hause. Es war ein brütend heißer Sommertag, und Marc machte extra früher Schluss, damit wir zusammen an einen See fahren konnten.

»Magst du die Kette nicht morgen fertig machen?«, schlug ich vor.

»Nein.«

Seelenruhig schob Luis den Faden durch die nächste Perle. Ich spürte, wie Luis' Freund Paul auf der anderen Seite des Tischs von seiner Bastelarbeit aufsah und die Szene genau beobachtete. Kinder kriegen eben alles mit, und Paul hatte einen dermaßen intensiven Blick, dass er mich an Harry Potter erinnerte.

»Aber wir müssen nach Hause. Wir wollen doch heute an den See fahren«, erklärte ich und gab mir Mühe, meine natürliche Autorität wirken zu lassen. Allein schon Pauls wegen.

»Nein.«

»Hör mal, Luis, Papa wartet schon.«

Völlig unbeeindruckt griff Luis nach der nächsten Perle. Nun mischte Paul sich ein. Er sah mich schräg an, dann fragte er: »Sein Papa wartet schon?«

»Ja«, betonte ich.

Pauls Gedanken ratterten förmlich.

»Bist du dann die Mama?«, wollte er wissen.

Ich verkniff mir ein Lachen. Nein, die Mama war ich nicht.

Souverän übernahm Luis die Antwort. »Das ist mein Papi. Papa wartet zu Hause.«

Paul nickte und bastelte weiter. Damit war alles geklärt.

Eines Tages wird es vielleicht anders sein. Dann wird womöglich ein Kind Luis hänseln, dass er Papi und Papa hat. Doch Luis wird darauf vorbereitet sein. Schon jetzt bestätigen die Erzieher, dass er stark und selbstbewusst ist. Das wird ihm in allen Situationen seines Lebens nutzen, und nicht nur deshalb, weil er zwei homosexuelle Väter hat. Vielleicht geht unsere Gesellschaft bis dahin ja auch einen Schritt weiter und erkennt endlich die Homo-Ehe an.

Doch ich greife vor. Erst einmal stand Luis' Geburtstag an.

ᐁᐧ ᐁᐧ ᐁᐧ

Drei Tage vor Luis' erstem Geburtstag stand ich in der Küche und schnippelte Gemüse. Zu dem Zeitpunkt war ich noch der Papa, nicht Papi, und Luis ein Meister im Robben.

Plötzlich hörte ich ein Tapsen, hob den Kopf und traute meinen Augen nicht: Luis kam angelaufen!

Er hielt die kleinen festen Arme halb hoch, um das Gleichgewicht zu wahren, und strahlte über das ganze Gesicht.

Ich platzte fast vor Stolz!

Ich ließ das Gemüse Gemüse sein, ging in die Hocke und breitete die Arme aus. Vier, fünf winzige Schritte, dann war er bei mir, und ich schloss ihn in die Arme und warf ihn immer wieder in die Luft, bis er vor Vergnügen quietschte.

Ich war so neugierig, wie er es angestellt hatte, sich aus dem Sitzen aufzurichten. Bisher war er einfach zu faul gewesen. Ich setzte ihn im Wohnzimmer auf die Spieldecke, trat ein paar Schritte zurück und ging erneut in die Hocke.

»Komm zu Papi!«, rief ich – und da stemmte er sich in die Höhe und tapste los.

Ganz aufgeregt rief ich Marc an. »Stell dir vor, Luis läuft!«

»Was? Aber er kann sich doch nicht mal aufrichten.«

»Doch, das schafft er. Er kam gerade zu mir in die Küche gelaufen – einfach so!«

»Wie viele Schritte läuft er denn? Fällt er auch nicht hin?«

Ich erzählte Marc alles gleich zweimal, holte das Smartphone, filmte Luis beim Laufen und schickte Marc das Video. Die meisten Entwicklungsschritte, die Luis meisterte, bekam er nur als Zweiter mit. Wie froh war ich über die Elternzeit!

Seit dem Moment, da Luis allein in die Küche getapst war, gehörte das Robben der Vergangenheit an. Nachdem er seinen Mittagsschlaf gehalten hatte, gingen wir Schuhe kaufen. Wir entschieden uns für ein knöchelhohes Modell in Dunkelblau, Größe 20. Ich konnte es kaum fassen, wie groß er geworden war.

Luis' ersten Geburtstag feierten wir gleich zweimal: einmal den 11. Februar, an dem er geboren wurde, und dann den Tag, als wir ihn nach Hause holen durften. Wir luden Marie, Tom und die Nachbarskinder ein, hängten Girlanden auf und bliesen Luftballons auf. Marc backte kleine Biene-Maja-Muffins, die Mütter bekamen Prosecco. Wir sangen, spielten und feierten, und Luis ließ sich gebührend feiern.

Am Abend, als er glücklich eingeschlafen war, saßen wir noch lange bei ihm am Bettchen. Marc und ich erinnerten uns an jede Einzelheit. An den Babyduft, die winzigen schrumpeligen Finger, die weiche Haut. Den ersten Blick aus seinen Augen. Ein ganz besonderes Jahr lag hinter uns, und auch wenn es Momente gab, in denen wir extrem gefordert wurden, waren wir froh über diese Erfahrungen. Sie hatten uns drei noch enger zusammengeschmiedet.

Viele Väter, mit denen wir uns unterhielten, auf Spielplätzen oder beim Einkaufen, waren der Ansicht, mit Babys sei es erst dann richtig spannend, wenn sie klar kommunizieren, krabbeln oder – besser noch – laufen konnten. Aber Marc und ich wollten die allererste Zeit in Luis' Leben nicht missen. Die ersten sechs Monate waren für uns etwas ganz Besonderes gewesen, zumal wir im Fall einer Auslandsadoption niemals damit hätten rechnen können, ein Neugeborenes zu bekommen. Diese Schutzbedürftigkeit, die Luis ausgestrahlt hatte, die winzigen Signale, die er aussandte, und das wachsende Vertrauen von seiner Seite in uns – all das hatte eine Form von Liebe in uns wachgerufen, die stärker war als jedes Gefühl, das wir kannten. Manchmal vermisste ich diese Zeit, und zugleich war es aufregend zu sehen, wie er sich entwickelte und die Welt mit jedem Tag mehr für sich eroberte.

Taufe und Hochzeit

Niemals hatte ich Luis in eine Krippe geben wollen. Niemals!
Schließlich hatte ich meinen Beruf aufgegeben, um mich intensiv mit ihm zu beschäftigen und ihm die Geborgenheit zu
schenken, die ein Kind in den ersten Lebensjahren braucht.
Auch wollte ich keinen seiner Entwicklungsschritte verpassen. Wie die meisten Kinder seines Alters lernte er schwindel-
erregend schnell. Schon sprach er kleine Sätze, begann zu
klettern und war das reinste Energiebündel, das mich mächtig auf Trab hielt.

Luis aber liebte Kinder, und ich spürte deutlich, wie sehr
er die Treffen mit seinen Sandkastenfreunden genoss. So gern
er mit mir spielte und so lieb er mich hatte – andere Kinder
waren für ihn wie kleine Magnete. Er war neugierig, manchmal ein wenig schüchtern, doch wenn er genug beobachtet
hatte, fasste er Mut. Dann ging er auf ein fremdes Kind zu
und nahm Kontakt auf, und ich spürte, wie viel ihm seine
neuen Freundschaften bedeuteten.

Es war eine dieser typischen Situationen, in der Marc und
ich etwas geplant hatten, Luis jedoch etwas anderes brauchte.
Genau aus diesem Grund war es uns auch so wichtig, ihn und
seine Bedürfnisse zu spüren. Schließlich konnten wir nur erfüllen, was wir wahrnahmen. Das hatte in unseren Augen
nichts mit Verwöhnen zu tun, sondern mit Wertschätzung

der Person, zu der unser Kind heranwuchs. Wir waren uns sicher, dass das Leben zahlreiche Anpassungen von ihm fordern würde. Doch das eine schloss das andere nicht aus. Indem wir seine Bedürfnisse erfüllten, stärkten wir sein Vertrauen in uns. Damit signalisierten wir ihm aber auch, dass ein Nein von unserer Seite einen wichtigen Grund hatte.

Marc und ich hatten uns einen Monat nach Luis' Geburt vorsichtshalber um einen Platz bei einer städtischen Kindertagesstätte beworben. Alle Eltern machten das so, hatte uns die Hebamme verraten, und auch wenn ich Luis damals nur der Form halber angemeldet hatte, war ich jetzt froh darum.

Als Luis eineinhalb war, bekamen wir die Zusage einer Kindertagesstätte. Schon am nächsten Tag statteten wir der Krippe einen Besuch ab, um zu sehen, ob er sich dort wohlfühlte und die Erzieher einem homosexuellen Elternpaar gegenüber aufgeschlossen waren.

Luis blühte förmlich auf, als er die vielen Kinder sah. Er löste sich von mir, griff nach ein paar bunten Bällen und spielte mit den anderen mit. Nachdem die Erzieher sehr offen mit uns umgingen, beschlossen wir, ihn anzumelden. Er würde, wie in allen städtischen Kitas üblich, eine achtwöchige Eingewöhnungsphase absolvieren.

Es war ein seltsames Gefühl, Luis in fremde Hände zu übergeben. Ich schlief schlecht, weil ich mir pausenlos ausmalte, wie er sich alleingelassen fühlte und in unschöne Szenen geriet, gehauen wurde, sich nicht trösten ließ. Ich zweifelte nicht an der Kompetenz der Erzieherinnen und dem offenen Konzept, dem sie folgten, sondern hatte ganz einfach Angst vor dem Loslassen. Eben noch war er so klein gewesen, so hilflos. Und jetzt sollte ich ihn gehen lassen?

Marc bestärkte mich darin, dass ich Luis zutraute, sich in

der neuen Umgebung zurechtzufinden. Er hatte ja recht. Und dennoch …

Während der Eingewöhnungsphase war ich mit dabei und gewann Einblick in die professionelle Art, wie die Erzieherinnen mit den Kindern umgingen. Luis fühlte sich pudelwohl und schloss schon bald erste Freundschaften. Viel zu früh war es so weit: Ich brachte ihn zur Krippe, und als ich Anstalten machte, mit hineinzugehen, sagte Luis ganz selbstverständlich: »Tschüs, Papi!«

Damit war ich entlassen.

Ich muss recht perplex ausgesehen haben, wie ich da stand und zusah, wie mein Sohn sich selbstständig machte. Ich freute mich für ihn, ja, und doch war ich noch nicht wirklich bereit, ihn gehen zu lassen.

Allein stieg ich ins Auto, blickte auf den leeren Kindersitz. Es versetzte mir einen Stich, auch wenn es vom Verstand her keine Frage war: Luis wurde größer, selbstbestimmter, und das war gut so.

Für mich ging der Loslassprozess einher mit dem Gedanken, was ich in der neu gewonnenen Freizeit mit meinem Leben anfangen wollte. Einige Tage fühlte ich mich seltsam orientierungslos, sah mir Luis' Fotos auf dem Handy an und wusste nicht recht, wie ich den Tag gestalten sollte. Dann fing ich mich und blickte voraus.

Luis' Eingewöhnungszeit war so positiv verlaufen, dass er weiterhin in der Krippe bleiben würde. Mit meinem früheren Arbeitgeber in Österreich handelte ich eine Lösung aus: Ich konnte halbtags im Homeoffice arbeiten und musste nur zu besonderen Gelegenheiten vor Ort sein.

Anfangs fand ich es seltsam, mich wieder auf die Arbeit zu konzentrieren, für Stunden in eine andere Welt abzutauchen.

Doch mein Beruf gab mir viel, er war Teil meines Selbstausdrucks, und ich spürte, wie gut es uns allen tat, dass jeder von uns auf seine eigene Weise ausgelastet war: Luis ging in die Krippe, Marc ins Büro und ich in mein Homeoffice.

An den Nachmittagen holte ich Luis früh ab. Ich freute mich so auf ihn – und er lief mir entgegen, stolz auf seine Bastelarbeiten, seine gemalten Bilder und voller Geschichten darüber, was er alles erlebt hatte. Dann spielten wir, trafen Freunde oder gingen auf den Spielplatz, wo Luis die großen Kinder beobachtete und ihnen hinterherkletterte. Auch lernte ich endlich nette, offene Mütter von gleichaltrigen Kindern kennen.

Ich spürte, wie gut Luis die Struktur in der Krippe tat und wie ausgeglichen ihn der Kontakt zu seinen neuen Freunden machte. Auch für sein Sozialverhalten war diese Lösung optimal – schließlich hatte Luis keine Geschwister, auch wenn Marc und ich immer öfter darüber nachdachten, ob wir uns nicht für eine weitere Adoption aufstellen lassen sollten, damit Luis ein Geschwisterchen bekäme.

Im Mai desselben Jahres stand Luis' Taufe an. Da ich von der katholischen Kirche wegen meiner Homosexualität vor Jahren ausgeschlossen worden war und Marc evangelisch war, kam für uns nur eine evangelische Taufe in Betracht.

Die Eintragung unserer Lebenspartnerschaft hatten wir im kleinen Kreis gefeiert. Anschließend hatten wir auf unser Kind gewartet, und mit den Jahren war uns die Lust am Feiern im großen Stil vergangen. Nun aber wollten wir ein rauschendes Fest veranstalten. Wir beschlossen, in dem Hotel zu feiern, in dem ich arbeitete. Die Berge boten eine traumhafte Kulisse, und ich wollte auch gern meine Kollegen in die Feier einbinden, nachdem ich sie eineinhalb Jahre zuvor so überstürzt allein gelassen hatte.

Der evangelische Pfarrer vor Ort war sehr aufgeschlossen, als wir ihn zum Taufgespräch aufsuchten. Er freute sich, dass wir Luis in die christliche Gemeinschaft aufnehmen lassen wollten, und während wir über den Ablauf der Taufe sprachen, fragte er unvermittelt: »Möchten Sie denn nicht auch kirchlich heiraten?«

Marc und ich sahen uns überrascht an. Heiraten? Das durften wir?

Nachdem in Deutschland die Diskussionen um die Homo-Ehe ins Stocken geraten waren, hatten wir den Gedanken daran beiseitegeschoben. Jetzt waren wir hin- und hergerissen.

»Für ein homosexuelles Paar ist die kirchliche Hochzeit zwar nicht mit der eines heterosexuellen Paares gleichgestellt, aber die Zeremonie ist die gleiche, und ich darf Ihnen den Segen der Kirche geben – was ich sehr gern täte.«

»Unsere ganze Familie wäre dabei und unsere Freunde«, sagte Marc. »Was meinst du?«

Ich blickte mich in der kleinen Kirche um. Das dunkle Holz der Kirchenbänke war von den vielen Menschen, die hier gesessen und gebetet hatten, ganz abgeschliffen. Dies also sollte der Rahmen für unsere kirchliche Hochzeit sein … Ja, dachte ich, hier fühlte ich mich geborgen.

»Lass uns die anderen damit überraschen«, sagte ich, und Marc war einverstanden.

In den folgenden Wochen plante ich unser Fest bis ins kleinste Detail. Nur unsere Freundin Christine wurde eingeweiht und half mir bei den Vorbereitungen.

Ende Mai war es dann so weit. Alle trugen wir Tracht, schließlich wurde unser Sohn in Österreich getauft. Unsere ganze Familie und unsere Freunde waren angereist, und als wir zur Kirche aufbrachen, hatte die Sonne die Wolken verdrängt, und der Blick auf die schroffen Berghänge war klar.

In gewisser Weise war dies ein Sinnbild der vergangenen Jahre. Seit Luis in unser Leben getreten war, schien sprichwörtlich die Sonne für uns.

Für die Taufzeremonie hatten wir uns etwas ganz Besonderes ausgedacht. Unsere Nichten und Neffen legten Blumen um das Taufbecken. Jeder von ihnen hatte Wasser aus seinem Heimatort mitgebracht, das sie nun ins Taufbecken gossen, während der Pfarrer es segnete. Besser, so fanden wir, konnten wir die Bedeutung, die unsere Familie für uns drei hatte, nicht ausdrücken.

Luis fand die Taufe äußerst spannend. Auch wenn er die Bedeutung noch nicht verstand, wusste er sehr wohl, dass ein ganz besonderes Fest anstand, und als im Anschluss an die Taufzeremonie Lieder gesungen wurden, tanzte er mit den anderen Kindern ausgelassen vor dem Altar.

Als die Fürbitten folgten, gab der Pfarrer die Überraschung bekannt: »Marc und Tobias möchten diesen Tag nutzen, um ihre Liebe vor allen und vor Gott zu bekunden.«

Die Überraschung war uns gelungen. Mit den Menschen zu feiern, die mit uns fühlten, denen wir etwas bedeuteten, das war pures Glück. Luis war in unser Leben getreten, Marc und ich liebten uns, und wir fühlten uns reich beschenkt. Das war mehr, als wir je erwartet hätten.

Christine sang für uns »How Long Will I Love You« von Ellie Goulding:

> How long will I love you?
> As long as stars are above you
> And longer, if I can.
> How long will I need you?
> As long as the seasons need to
> Follow their plan …

Meine Beine zitterten, so aufgewühlt war ich, doch es war ein gutes Gefühl. Marc und ich bildeten ein starkes Team. Unsere Verbindung hatte so manche Stürme überdauert, und als der Pfarrer uns seinen Segen gab, uns als Paar anerkannte, da hatte ich das Gefühl, zusammen könnten wir alles schaffen.

Zum Abschluss der Zeremonie ließen wir Luftballons zusammen mit unseren Wünschen in den Himmel aufsteigen. Dann feierten wir ein rauschendes Fest.

Trotzanfälle

Nicht immer geht es so harmonisch bei uns zu wie an jenem besonderen Tag, an dem wir Taufe und Hochzeit zugleich feierten. Als Luis zwei Jahre und fünf Monate alt wurde, erwischte auch uns die Trotzphase. Er hatte schon früh seinen eigenen Kopf, doch bisher waren wir gut damit umgegangen. Wenn er seinen Willen nicht bekam oder länger im Buggy sitzen musste, bockte er und brummte etwas Unwilliges, aber sobald ich ihn auf den Arm nahm und ihm die Lage erklärte, fand er früher oder später wieder zur Vernunft.

Im Stillen hofften wir, dass wir die Trotzphase mit viel gutem Willen und logischen Erklärungen umschiffen konnten. Vielleicht wurde das Ganze schlichtweg überbewertet.

In Wahrheit hatten wir nicht die geringste Ahnung, was da auf uns zukam. Die kleinen Aussetzer waren bloß Vorboten gewesen, und der erste große Gewittersturm erwischte mich völlig unvorbereitet.

Luis durfte sich schon früh die Sachen raussuchen, die er anziehen wollte, auch wenn sein Geschmack mein ästhetisches Empfinden manchmal erschütterte. An jenem Morgen hatte er eine eigenwillige Kombination zusammengestellt: eine kurze Hawaiihose, bunt geringelte Socken und sein Superman-T-Shirt. Das war schon optisch eine Herausforderung, aber an diesem Sommertag war die Temperatur in den

Keller gestürzt, und es regnete heftig. Zudem hatte ich einen wichtigen Kundentermin und war darauf angewiesen, dass Luis pünktlich in der Kita eintraf.

»Die Hose kannst du nicht anziehen. Die ist zu dünn«, sagte ich zu ihm.

»Doch«, beharrte Luis. Er konnte sich schon seit einer ganzen Weile allein anziehen, was er mir jetzt demonstrierte. Selbstbewusst schlüpfte er in die Hawaii-Shorts.

»Luis, das geht nicht. Schau mal, draußen regnet es. Die Hose hat ganz kurze Beine, da frierst du ja!«

Völlig unbeeindruckt von meinen Worten machte er sich am Hosenbund zu schaffen und zog ihn hoch.

»Wenn du frierst, dann erkältest du dich, dann kannst du nicht mit deinen Freunden spielen.«

Luis warf mir einen aufmüpfigen Blick zu, ganz im Stil von: »Du hast mir gar nichts zu sagen.«

Demonstrativ zog er sich das Superman-Shirt über den Kopf. Einen kurzen Moment lang war nichts von seinem Kindergesicht zu sehen, dann hatte er es geschafft. Er ließ sich auf den Boden plumpsen und wollte sich die Socken anziehen.

»Luis, jetzt reicht's. Papi muss arbeiten. Die Hose ist zu dünn, damit kannst du nicht raus.«

Da fing Luis an zu brüllen und zu toben. Sein Gesicht wurde rot vor Zorn, er ballte die Fäuste. Mir brach der Schweiß aus, gleich würde mir buchstäblich der Kragen platzen. Wenn wir nicht in fünf Minuten losfuhren, käme ich zu spät.

Ich tat, was alle Eltern unbedingt vermeiden wollen, und fing an zu schimpfen. Und zwar mächtig. Genug war genug.

Ungeduldig zog ich eine lange Hose aus dem Schrank. »Du ziehst jetzt die Hose an, und damit Schluss.«

Luis' Zorn steigerte sich zu einem Gewittersturm, und er schrie aus Leibeskräften. Darunter mischten sich Schluchzer.

Augenblicklich tat er mir leid, ich wollte ihn hochnehmen und trösten, doch seine Wut war übermächtig. Mit einer Energie, die ich ihm nie zugetraut hätte, entwand er sich mir und stampfte auf den Boden wie Rumpelstilzchen.

Ich musste das Zimmer verlassen. Ich wollte ihn nicht anschreien, aber mein Stresslevel schnellte bedrohlich in die Höhe. Also ging ich in die Küche, machte mir einen Kaffee. Und wenn ich den Kundentermin absagen musste: Mit der Hose ging er mir nicht aus dem Haus.

Während ich den Kaffee hinunterstürzte, packte mich das schlechte Gewissen. Mein Kind weinte allein in seinem Zimmer, das hatte ich nie so gewollt!

Als ich zu ihm ging, wandelte sich Luis' Stimmung, und er ließ sich auf den Arm nehmen und trösten. Er tat mir so leid, und für einen winzigen Moment hätte ich ihm am liebsten alles erlaubt, auch die kurze Hose. Aber das war Unsinn, damit half ich ihm nicht, seine Gefühlsstürme zu meistern.

Ich schlug ihm einen Kompromiss vor.

»Schau mal, jetzt in der Krippe ziehst du die lange Hose an. Und wenn du nach Hause kommst, dann darfst du gleich die kurze anziehen und sie den ganzen Tag anbehalten.«

Dann bleiben wir eben den Nachmittag über zu Hause, dachte ich.

Luis schluchzte und zog die Nase hoch, dann hatte er sich wieder gefangen. Und wir hielten uns an die Abmachung – beide.

Es war die erste Situation gewesen, in der ich mich auf solche Weise verhalten hatte. Ich war restlos überfordert gewesen. Mit dem Kundentermin im Nacken war ich nicht gerade souverän aufgetreten. Doch mir war klar, dass Luis sich abnabelte. Bei diesem Prozess musste es wohl oder übel zu solchen

Szenen kommen, gleichgültig, wie viel Freiraum wir ihm ließen. Der eigene Wille war wichtig, ich wollte ihn darin unterstützen. Doch wo Wille und Realität auseinanderklafften und er etwas tat, was sich gegen sein eigenes Wohlergehen richtete, da musste ich als Vater für ihn da sein und diese Anfälle mit ihm durchstehen. Auch wenn es mich Nerven kostete.

Ein paar Minuten später lachte Luis wieder, doch mir ging die Szene nahe. Und das nicht, weil der Kundentermin inzwischen Geschichte war.

Als ich am Abend mit Marc darüber sprach, waren wir uns einig, dass wohl noch weitere solcher Situationen auf uns zukommen würden. Manche würden wir meistern, andere nicht. Wir waren keine perfekten Eltern. Wir machten Fehler. Auch unsere Eltern hatten Fehler gemacht. Wir waren an den Fehlern gewachsen, und Luis würde das auch gelingen. Was zählte, war die Liebe, darin war ich mir sicher.

In den kommenden Wochen ertappte ich mich dabei, wie ich gewisse Dinge versteckte, die bei Luis regelmäßig Trotzanfälle auslösten. Er hatte nämlich ein sensationell gutes Gespür, sich genau die Kleidung auszusuchen, die für den jeweiligen Anlass völlig ungeeignet war. Aus den Augen, aus dem Sinn, dachte ich – jedoch nur, wenn ich einen Termin hatte und am Morgen keinen Stress vertragen konnte. Optimal war es nicht, die Trotzanfälle zu vermeiden, sie gehörten schließlich zu seiner Entwicklung. Aber ich hatte auch meine Grenzen, wie ich vor mir selbst zugeben musste.

Zugleich war Luis anschmiegsam – und wurde immer origineller. Am Abend vor dem Schlafengehen ließen wir gern zu dritt den Tag Revue passieren.

»Was hast du denn heute in der Krippe gespielt?«, fragte Marc eines Abends, und Luis erzählte wortreich von seinen

Abenteuern. Als seine Augen kleiner wurden vor Müdigkeit, sagte er schließlich:

»Papi, heute sollst du mich ins Bett bringen.«

»Papi? Nicht der Papa?«, hakte Marc nach.

»Du musst nicht traurig sein. Du bekommst dafür zwei Küsse, und morgen darfst du mich ins Bett bringen.«

Am nächsten Abend wiederholte sich die Szene.

»Papi soll mich ins Bett bringen«, sagte Luis und gähnte.

»Ja, aber du hast es doch Papa versprochen«, sagte Marc ganz erstaunt.

»Nicht traurig sein, Papa, du kommst auch bald dran«, erwiderte Luis und kuschelte sich an mich. »Aber wenn du heute nicht dabei bist, Papi, dann bin ich traurig.«

Nichts erinnerte in solchen Augenblicken an die widerstreitenden Gefühle, die von Zeit zu Zeit in unserem kleinen Schatz toben konnten, und prompt vergaß ich die Trotzphase wieder.

Mit eher gemischten Gefühlen sah ich jedoch unserem ersten gemeinsamen Flug entgegen. Mich ergriff eine leise Panik bei dem Gedanken, dass Luis sich gegen das Anschnallen wehren könnte und sich die gesamte Flugzeit über vor Zorn die Seele aus dem Leib schreien würde. In meiner Fantasie hörte ich die aufgeregten Stimmen der Mitreisenden, die nach der Mutter des Jungen riefen.

Als es so weit war, hatten wir jedoch vorgesorgt: Tante, Onkel und Oma waren mit an Bord, denn es ging in den Norden, zu einem Familienfest.

Luis' erster Ausflug hoch über die Wolken verlief ganz unspektakulär. Er nahm dankend das Spielzeug entgegen, das die Stewardess ihm reichte, und beschäftigte sich ausgiebig damit. Als der Flieger gelandet war, zog er seinen kleinen Koffer durch den Gang hinter sich her, ganz souverän, als wolle er sagen: »Papi hat mal wieder viel zu viel Wind um die Sache gemacht.«

»Das ist ja prima, dass Sie sich so viel Zeit für Ihren Sohn nehmen«, meinte neulich eine Mutter, als ich Luis von der Krippe abholte.

Ich wusste nicht so recht, was ich sagen sollte, also lächelte ich freundlich.

»Ich habe Ihre Frau noch nie hier gesehen. Arbeitet sie?«

»Ja, mein Mann arbeitet«, antwortete ich automatisch.

Einen Moment lang wusste die Mutter wirklich nicht, was sie dazu sagen sollte, aber ich beeilte mich, das Rätsel schnell aufzulösen.

»Wir haben Luis adoptiert«, sagte ich.

»Das wusste ich gar nicht«, meinte sie.

Ich nahm die Bemerkung als Kompliment für Marc, Luis und mich. Schließlich hatte sie uns für eine ganz normale Familie gehalten. Und waren wir das nicht auch?

Eine ganz normale Familie

Für Luis entpuppte sich die Krippe als Glücksfall. Er schloss Freundschaften, und durch die Offenheit der Erzieherinnen und Eltern fanden Marc und ich die Bestätigung, dass unsere Gesellschaft in weiten Teilen reif dafür ist, zwei Papas und ein Kind als gleichberechtigte Familie anzuerkennen.

Ich erinnere mich an das erste Laternenfest, als Marc mitkam und ich ihn den Eltern vorstellte, die ich nachmittags beim Abholen oder bei den Elternabenden kennengelernt hatte. Es war eine völlig normale Situation – für die Eltern wie für uns. Es tat gut, dass wir so angenommen wurden, wie wir waren, und uns nicht mehr beweisen mussten.

Einige von Luis' neuen Freundinnen und Freunden kannten Marc noch nicht. Luis zog ihn mit sich und erzählte ihnen stolz, Marc sei sein Papa. Später gesellte ich mich dazu, und wir genossen das Fest, das so unspektakulär war und gerade dadurch zu etwas Besonderem wurde.

Uns war klar, dass es nicht immer so unkompliziert bleiben würde, vor allem wenn Luis in die Schule käme, aber an diesem Abend hielten wir es wie die Kinder, die uns lehrten, ganz in der Gegenwart zu leben und die Stimmung zu genießen.

Kinder werden nicht mit Vorurteilen geboren, und schon gar nicht mit Hass. »Hass wird gelernt«, sagte Nelson Mandela. »Und wenn man Hass lernen kann, kann man auch lernen zu lieben. Denn Liebe ist ein viel natürlicheres Empfinden im Herzen eines Menschen als ihr Gegenteil.«

Vielleicht, so dachte ich, sollten wir alle uns immer wieder an diese Wahrheit erinnern.

Homosexuellen Eltern wird häufig vorgeworfen, ihre Kinder bekämen kein normales Rollenbild mit auf den Weg. Marc und ich hatten uns vor der Adoption oft darüber unterhalten und waren uns einig gewesen, dass das so nicht stimmte. Wir selbst stammten aus »ganz normalen« Familien, genauso wie unsere schwulen Freunde. Aus Langzeitstudien über Regenbogenfamilien war nicht bekannt, dass die Kinder eine höhere Tendenz hatten, homosexuell zu werden. Und überhaupt – was war denn mit den vielen Alleinerziehenden? Auch sie vermittelten schließlich nicht das klassische Bild von Mama, Papa, Kind. Unsere Familien würden das Bild, das wir Luis vermittelten, schon ausgleichen, hatten wir uns gesagt und das Thema ad acta gelegt.

Dann aber, an einem Sommertag, geriet meine Überzeugung mächtig ins Wanken.

Als ich nachmittags mit Luis nach Hause kam, entdeckte er ein Geschenk auf dem Tisch. Natürlich wollte er wissen, für wen es gedacht war.

»Das ist für Christine«, sagte ich.

»Warum?«

»Christine heiratet bald.«

»Warum?«

»Christine und Tomaso haben sich fest lieb, so wie Papi und Papa. Und deshalb wollen sie heiraten.«

Ich erwartete schon die nächste Warumfrage, denn Luis lebte diese Phase gerade intensiv aus. Aber da sagte er aus heiterem Himmel: »Ich will den Stefan heiraten.«

Tausend Gedanken wirbelten mir durch den Kopf. Jetzt war es passiert. Unser Sohn würde schwul werden. Zwangsläufig. Er kannte ja nichts anderes! Plötzlich waren alle Argumente, die Marc und ich in der Theorie ersonnen hatten, wie weggefegt.

Am Abend sprach ich mit Marc darüber.

»Lass uns abwarten«, meinte er. »Vielleicht sollten wir mit den Erzieherinnen darüber sprechen.«

In den Tagen darauf brachten wir das Thema Verliebtsein möglichst unverfänglich zur Sprache, so im Stil von: »Und, wer war denn heute alles in der Kita? War die Katharina da? Der Anton? Und war der Stefan auch da?«

Da strahlte Luis übers ganze Gesicht. »Ich hab den Stefan sooo lieb.«

Nun, da half wohl alles nichts. Wir wären ganz sicher die Letzten, die etwas dagegen hätten, wenn unser Sohn schwul wäre.

Beim nächsten Elternabend brachte ich das Thema zur Sprache und erklärte meine Sorge, dass wir Luis unbewusst ein spezielles Rollenverständnis aufzwangen.

»Ach, da braucht ihr euch keine Gedanken zu machen«, entgegnete eine Mutter. »Mein Sohn will auch den Stefan heiraten. Und mein Mann und ich sind schließlich nicht schwul.«

Alle lachten, und meine Anspannung löste sich auf.

Wenig später stellte sich heraus, dass Stefan ganz andere Pläne hatte, er war nämlich in Lea verliebt.

Luis hat inzwischen eingesehen, dass die Sache mit Stefan wohl aussichtslos ist. Seine neue Liebe heißt Anna.

๑๑ ๑๑ ๑๑

Vergangenen Sommer trafen wir uns mit einigen Freunden und deren Kindern am Meer. Als ich Luis beobachtete, wie er im Sand spielte, sich anderen Kindern gegenüber behauptete, aber auch zurücknahm, wurde mir bewusst, welch starkes Selbstwertgefühl er bereits entwickelt hat. Vielleicht reagieren Marc und ich früher auf mögliche Probleme, weil unsere Situation keine gewohnte ist, und gehen dagegen an, bevor sie Luis belasten können. Wir möchten ihn stärken, ihn unterstützen und auf die Zeit vorbereiten, wenn er so weit ist, sich mit seiner Herkunft als Adoptivkind auseinanderzusetzen. Und mit seinen Papas.

Noch aber ist es nicht so weit. Noch lebt Luis in seiner behüteten Welt, und ich hoffe, das bleibt noch lange der Fall.

Wir unternehmen gern etwas mit ihm, fahren auf den Bauernhof, an den See oder in den Naturpark. Aber wir überfrachten die Tage nicht. Am wichtigsten ist es doch einfach, zusammen zu sein.

Wir vergessen auch zunehmend, dass Luis nicht unser leibliches Kind ist. Was die Liebe, die Bindung anbelangt, gab es nie einen Unterschied. Inzwischen aber passiert es uns immer wieder, dass wir uns unwillkürlich fragen, von wem er dieses oder jenes hat. Die Haarfarbe von mir, die Nase von Marc? Die Geste, der Blick von seiner Großmutter?

Vorletztes Wochenende besuchten wir den Ponyhof. Ich hatte als Kind Pferde geliebt, mein Großvater war oft mit mir zu einem Gestüt gefahren, hatte mir die Pferde gezeigt, meinen Wunsch zu reiten geweckt. Und so war er bei diesem Ausflug sehr präsent, auch wenn er im Alter von siebenundachtzig Jahren gestorben war. Er hatte Luis noch auf dem Arm gehalten, und auf eine Weise schien er uns auf diesem Ausflug zu begleiten.

Marc trug Luis huckepack den Weg zur Koppel hinauf,

damit er als Erster die Pferde sehen konnte. Lange standen wir am Zaun, beobachteten die Tiere, und Luis konnte sich nicht sattsehen.

Einige Meter entfernt stand eine Bank im Schatten einer Baumgruppe.

»Komm, setzen wir uns!«, schlug ich vor, denn die Sonne brannte herab.

Zusammen steuerten wir die Bank an und ließen uns darauf nieder. Ein leichter Wind kam auf, und die Blätter der Bäume raschelten. Einige Äste versperrten uns die Sicht auf die Pferde, die weiter hinten auf der Weide grasten.

»Bestimmt kommen sie gleich her zu uns«, sagte ich.

Luis wandte den Blick nach rechts, dann nach links und hielt Ausschau nach den Tieren.

»Papa, was glaubst du, was für ein Pferdle kommt jetzt?«, fragte Luis mit seiner hohen Stimme.

»Ich denke, ein schwarzes«, sagte Marc.

»Nein, weiß!«, erwiderte Luis. Widerspruch war wichtig, so viel war klar.

Eine Weile warteten wir alle gespannt. Dann schritt ein Pferd hinter der Baumgruppe hervor und näherte sich neugierig dem Zaun.

»O nein, ein braunes!«, rief Marc, und Luis und er lachten.

»Du bist so still«, sagte Marc zu mir.

»Die gleiche Szene habe ich schon einmal erlebt«, erzählte ich. »Mit meinem Opa. Wir haben dasselbe Spiel gespielt.«

Für einen Moment schwebte die Erinnerung an ihn in der Luft, und meine eigene Kindheit schien mir zum Greifen nahe.

»Da! Ein schwarzes Pferdle«, rief Luis aufgeregt und holte mich zurück in die Gegenwart.

Wir saßen eine ganze Weile auf der Bank und beobachteten die Tiere. Marc saß rechts, Luis in der Mitte, ich links.

»Eigentlich ist hier noch Platz«, dachte ich laut.

Marc nickte.

»Ja, da ist noch Platz für ein zweites Kind.«

Ich sah ihn an, und unsere Blicke trafen sich, voller Einverständnis.

Nachwort

Mit dem Gesetz über die Eingetragene Lebenspartnerschaft, das im Jahr 2001 in Kraft trat, kam die Regierung der Bundesrepublik Deutschland erstmals dem Wunsch Homosexueller nach, ihre Partnerschaft rechtlich zu untermauern. Offenheit und ein wachsendes Verständnis vonseiten der Gesellschaft haben seitdem dazu beigetragen, dass die »Homo-Ehe« mehr und mehr akzeptiert wird. Auch rechtlich gesehen haben sich die Lebenspartnerschaft und die Ehe einander angenähert und sind Ende 2015 weitgehend gleichgestellt – wenn auch nicht gänzlich. Nach wie vor weigert sich unsere Regierung, die »Eheliche Lebensgemeinschaft« begrifflich zu öffnen und damit Homosexuellen zu gestatten, eine normale Ehe einzugehen – mit dem Argument, man könne gleichgeschlechtliche Lebenspartner wegen des besonderen Schutzes von Ehe und Familie in Artikel 6 Absatz 1 des Grundgesetzes rechtlich nicht mit Eheleuten gleichstellen.

Obwohl Deutschland klar gegen jegliche Diskriminierung Position bezieht und für eine Gleichstellung von Menschen ungeachtet ihres Geschlechts, ihrer Herkunft, ihrer Hautfarbe und sexuellen Ausrichtung eintritt, bleibt die Ehe der Verbindung zwischen Mann und Frau vorbehalten. Für viele Homosexuelle ist dies nicht nachvollziehbar und hat zudem weitreichende Konsequenzen, gerade was den Adoptionsprozess betrifft: Homosexuelle Paare in einer eingetragenen Lebenspartnerschaft dürfen nicht gemeinsam adoptieren, dies ist nur »Ehepaaren« vorbehalten. Sie werden hinsichtlich des Adoptionsgesetzes aber als Singles geführt, und als Single ist man in Deutschland adoptionsberechtigt. Auch in unserem Fall konnte nur ich Luis adoptieren, und dieser Prozess dauerte lange 19 Monate. Während dieser Zeit hatte Luis einen Vormund. Zwischen Marc und Luis gab es keine »rechtliche« Verbindung, was im Ernstfall gravierende Auswirkungen gehabt hätte. Schließlich konnte mein Mann Luis über den Umweg der Stiefkindadoption annehmen. Insgesamt hat es 2,5 Jahre gedauert, bis wir beide »offiziell« die Eltern von Luis wurden.

Die im Buch angeführten Studien belegen, dass es Kindern in Regenbogenfamilien an nichts mangelt. Der einzige negative Aspekt ist, dass diese Kinder zuweilen mehr gehänselt werden. Das darf aber nicht der Grund sein, Homosexuelle indirekt bei einer Adoption zu benachteiligen. Denn das Problem für Kinder wie Luis ist nicht, dass sie homosexuelle Eltern haben – und ich hoffe, unsere Geschichte kann dazu beitragen, ein positives Licht auf den Alltag unseres Sohnes zu werfen. Das Problem sind vielmehr die Intoleranten, die Schwulenhasser und auch diejenigen, die uns zwar leidlich dulden, aber nicht anerkennen.

Eine Öffnung der Ehe, wie in Frankreich oder Irland, würde meiner Überzeugung nach in hohem Maße dazu beitragen, dass Homosexualität mit mehr Normalität betrachtet würde, was noch größere Toleranz und Anerkennung in der Gesellschaft zur Folge hätte.

Marc und ich führen eine Beziehung, die von Liebe und Respekt geprägt ist. Wir durften von Rechts wegen keine Ehe, sondern nur eine Lebenspartnerschaft eingehen und sind davon überzeugt, dass das Adoptionsgesetz geändert werden muss: Zwei Menschen, die sich lieben und eine solide Partnerschaft führen, sollten im Adoptionsprozess gleichberechtigt behandelt werden.

Wir Menschen sehnen uns nach Liebe, nach einer intakten Familie. Für all diejenigen von uns, die keine leiblichen Kinder bekommen können, ist die Adoption der einzige legale Weg in Deutschland, den Wunsch nach einer Familie Wirklichkeit werden zu lassen. Zugleich steigt die Anzahl von Waisen und zur Adoption freigegebenen Kindern. Wer bereit ist, ein Kind als sein eigenes aufzunehmen, es mit Liebe großzuziehen und ihm eine umfassende Bildung zu ermöglichen, sollte von der Regierung nicht in die Schranken gewiesen, sondern ungeachtet seiner sexuellen Ausrichtung unterstützt werden.

Marc, Luis und ich hatten das große Glück, dass eine Mutter die Offenheit besaß, ihren Sohn zwei Homosexuellen anzuvertrauen. Ich habe das vorliegende Buch auch deshalb geschrieben, um meiner tiefen Dankbarkeit dafür Ausdruck zu verleihen.

Luis hat mich kürzlich gefragt, warum er keine Schwester hat. Vermutlich beschäftigt ihn das Thema, da es einige Geschwisterkinder in seiner Krippe gibt. Ich fragte ihn, ob er denn bereit wäre, seine Spielsachen zu teilen. Er antwortete: »Papi ... ein Baby kann doch noch nicht mit meinem Lego spielen. Aber es darf in meinem Bettchen schlafen.«

Marc und ich haben die Papiere für eine zweite Adoption beim Stadtjugendamt eingereicht. Sollte noch ein Kind den Weg zu uns finden, wären wir überglücklich, es in unserer ganz normalen Familie aufzunehmen, so wie wir es mit Luis getan haben.

Es ist was es ist
sagt die Liebe.
ERICH FRIED

Anhang

Weiterführende Literatur und Links

Elke Pohl: Adoption – *Ihr Kinderwunsch wird Realität.*
Stuttgart 2004

Hetty van de Rijt, Frans X. Plooij: *Oje, ich wachse!*
München 1998 [18]

Vivian Weigert, Dr. Franz Paky: *Babys erstes Jahr.*
München 2011

Bundesministerium für Familie, Senioren, Frauen und
Jugend (Hrsg.): *Familienwegweiser.de,*
Stichwort »Adoption«: www.familien-wegweiser.de/
wegweiser/stichwortverzeichnis,did=101234.html
(letzter Aufruf: 04.01.2016)

www.tobias-rebisch.com

Anmerkungen

1   American Psychological Association, 2004.
Vgl. http://www.apa.org/news/press/response/
gay-parents.aspx (letzter Aufruf: 04.01.2016)

2   Laut ACHESS – The Australian Study of Child Health
in Same-Sex Families, University of Melbourne,
http://achess.org.au/ (letzter Aufruf: 04.01.2016)

3   Matthias Schöndorfer: »Nicht von schlechten Eltern –
ifb erstellt Studie über Kinder in gleichgeschlechtlichen
Lebensgemeinschaften«. 02.10.2009,
https://www.uni-bamberg.de/kommunikation/news/artikel/
regenbogenfamilie/ (letzter Aufruf: 04.01.2016)

4   William R. Rice, Urban Friberg, Sergey Gavrilets:
Homosexuality as a Consequence of Epigenetically
Canalized Sexual Development. The University of Chicago
Press 2012. Vgl. http://www.jstor.org/stable/
10.1086/668167 (letzter Aufruf: 04.01.2016)

5   Bundesamt für Justiz (Hrsg.): Internationale Adoption,
Bonn 2014[9].

https://www.bundesjustizamt.de/DE/SharedDocs/
Publikationen/BZAA/BZAA_Broschuere.pdf?__
blob=publicationFile&v=5 (letzter Aufruf: 04.01.2016)

6   Vgl. Deutsches Ärzteblatt, Heft 41, 9. 10. 2009:
»Kindern gleichgeschlechtlicher Eltern geht es gut«.
Vgl. http://www.aerzteblatt.de/archiv/66250/
Studie-Kindern-gleichgeschlechtlicher-Eltern-geht-es-gut
(letzter Aufruf: 04.01.2016)

7   Ebd.